国家智库报告 2019（34）
National Think Tank
中国非洲研究院文库·智库系列

印度与非洲关系发展报告

徐国庆 著

REPORT ON THE DEVELOPMENT OF RELATIONS
BETWEEN INDIA AND AFRICA

中国社会科学出版社

图书在版编目(CIP)数据

印度与非洲关系发展报告 / 徐国庆著. —北京：中国社会科学出版社，2019.10

（国家智库报告）

ISBN 978－7－5203－5462－2

Ⅰ. ①印⋯ Ⅱ. ①徐⋯ Ⅲ. ①印度—对外关系—研究报告—非洲 Ⅳ. ①D835.12②D840.2

中国版本图书馆 CIP 数据核字（2019）第 232634 号

出 版 人	赵剑英
项目统筹	王 茵
责任编辑	喻 苗
特约编辑	郭 枭
责任校对	沈丁晨
责任印制	李寡寡

出　　版	中国社会科学出版社
社　　址	北京鼓楼西大街甲 158 号
邮　　编	100720
网　　址	http://www.csspw.cn
发 行 部	010－84083685
门 市 部	010－84029450
经　　销	新华书店及其他书店

印刷装订	北京君升印刷有限公司
版　　次	2019 年 10 月第 1 版
印　　次	2019 年 10 月第 1 次印刷

开　　本	787×1092　1/16
印　　张	11.75
插　　页	2
字　　数	118 千字
定　　价	68.00 元

凡购买中国社会科学出版社图书，如有质量问题请与本社营销中心联系调换
电话：010－84083683

版权所有　侵权必究

充分发挥智库作用
助力中非友好合作

——《中国非洲研究院文库》总序

当今世界正面临百年未有之大变局。世界多极化、经济全球化、社会信息化、文化多样化深入发展，和平、发展、合作、共赢成为人类社会共同的诉求，构建人类命运共同体成为各国人民共同的愿望。与此同时，大国博弈激烈，地区冲突不断，恐怖主义难除，发展失衡严重，气候变化凸显，单边主义和贸易保护主义抬头，人类面临许多共同挑战。中国是世界上最大的发展中国家，是人类和平与发展事业的建设者、贡献者和维护者。2017年10月中共十九大胜利召开，引领中国发展踏上新的伟大征程。在习近平新时代中国特色社会主义思想指引下，中国人民正在为实现"两个一百年"奋斗目标和中华民族伟大复兴的"中国梦"而奋发努力，同时继续努力为人类做出新的更大的贡献。非洲是发展中国家最集中的大陆，是维护世界和平、促进全球发展的重要力量之一。近年来非洲在自主可持续发展、联合自强道路上取得了可喜进展，从西方眼中"没有希望的大陆"变成了"充满希望的大陆"，成为"奔跑的雄狮"。非洲各国正在积极探索适合自身国情的发展道路，非洲人民正在为实现"2063年议程"与和平繁荣的"非洲梦"而努力奋斗。

中国与非洲传统友谊源远流长，中非历来是命运共同体。中国高度重视发展中非关系，2013年3月习近平同志担任国家主席后首次出访就选择了非洲，2018年7月习近平同志连任国家主席后首次出访仍然选择了非洲。6年间，习近平主席先后4次踏上非洲大陆，访问坦桑尼亚、南非、塞内加尔等8国，向世界表明中国对中非传统友谊倍加珍惜，对非洲和中非关系高度重视。2018年中非合作论坛北京峰会成功召开。习近平主席在此次峰会上，揭示了中非团结合作的本质特征，指明了中非关系发展的前进方向，规划了中非共同发展的具体路径，极大完善并创新了中国对非政策的理论框架和思想体系，成为习近平外交思想的重要理论创新成果，为未来中非关系的发展提供了强大政治遵循和行动指南，是中非关系发展史上又一次具有里程碑意义的盛会。

随着中非合作蓬勃发展，国际社会对中非关系的关注度不断加大，出于对中国在非洲影响力不断上升的担忧，西方国家不时泛起一些肆意抹黑、诋毁中非关系的奇谈怪论，诸如"新殖民主义论""资源争夺论""债务陷阱论"等，给中非关系发展带来一定程度的干扰。在此背景下，学术界加强对非洲和中非关系的研究，及时推出相关研究成果，提升国际话语权，展示中非务实合作的丰硕成果，客观积极地反映中非关系良好发展，向世界发出中国声音，显得日益紧迫重要。

中国社会科学院以习近平新时代中国特色社会主义思想为指导，按照习近平主席的要求，努力建设马克思主义理论阵地，发挥为党和国家决策服务的思想库作用，努力为构建中国特色哲学社会科学学科体系、学术体系、话语体系做出新的更大贡献，不断增强我国哲学社会科学的国际影响力。我院西亚非洲研究所是根据毛泽东主席批示成立的区域性研究机构，长期致力于非洲问题和中非关系研究，基础研究和应用研究并重，出版发表了大量学术专著和论文，在国内外的影响力不断扩大。以西亚非洲研究所为主体于2019年4月成立的中国非洲研究院，是习近平主席在中非合作论坛北京峰会上宣布的加强中非人文交流行动的重要举措。

按照习近平主席致中国非洲研究院成立贺信精神，

中非研究院的宗旨是：汇聚中非学术智库资源，深化中非文明互鉴，加强治国理政和发展经验交流，为中非和中非同其他各方的合作集思广益、建言献策，增进中非人民相互了解和友谊，为中非共同推进"一带一路"合作，共同建设面向未来的中非全面战略合作伙伴关系，共同构筑更加紧密的中非命运共同体提供智力支持和人才支撑。中国非洲研究院有四大功能：一是发挥交流平台作用，密切中非学术交往。办好"非洲讲坛""中国讲坛"，创办"中非文明对话大会"。二是发挥研究基地作用，聚焦共建"一带一路"。开展中非合作研究，定期发布研究课题及其成果。三是发挥人才高地作用，培养高端专业人才。开展学历学位教育，实施中非学者互访项目。四是发挥传播窗口作用，讲好中非友好故事。办好中英文中国非洲研究院网站，创办多语种《中国非洲学刊》。利用关于非洲政治、经济、国际关系、社会文化、民族宗教、安全等领域的研究优势，以及编辑、图书信息和综合协调实力，以学科建设为基础，加强学术型高端智库建设。

为贯彻落实习近平主席的贺信精神，更好汇聚中非学术智库资源，团结非洲学者，引领中国非洲研究工作者提高学术水平和创新能力，推动相关非洲学科融合发展，推出精品力作，同时重视加强学术道德建设，中国非洲研究院面向全国非洲研究学界，坚持立足中国，放眼世界，特设"中国非洲研究院文库"。

"中国非洲研究院文库"由中国非洲研究院统一组织出版，下设多个系列丛书："学术著作"系反映非洲发展问题、发展道路及中非合作等系统性专题研究成果；"经典译丛"主要把非洲学者有关非洲问题研究的经典学术著作翻译成中文出版，力图全面反映非洲本土学者的学术水平、学术观点和对自身的认识；"法律译丛"即翻译出版非洲国家的投资法、仲裁法等重要法律法规；"智库报告"以中非关系为研究主线，为新时代中非关系顺利发展提供学术视角和智库建议；"研究论丛"基于国际格局新变化、中国特色社会主义进入新时代，集结中国专家学者对非洲发展重大问题和中非关系的创新性学术论文。

期待中国的非洲研究和非洲的中国研究在中国非洲研究院成立的新的历史起点上，凝聚国内研究力量，联合非洲各国专家学者，开拓进取，勇于创新，不断推进我国的非洲研究和非洲的中国研究以及中非关系研究，从而更好地服务于中非共建"一带一路"，助力新时代中非友好合作全面深入发展。

中国社会科学院副院长　中国非洲研究院院长

蔡　昉

摘要： 21世纪以来，资源丰富、经济持续发展与政治上重视联合自强的非洲，日渐引起国际社会的关注。综合国力增速明显的印度，出于保障能源安全、发展国内经济与增强大国地位等因素的考虑，改变了冷战以来印度对非洲关系的忽视态度，积极调整对非政策，开展对非务实合作，推动灵活的对非外交。在注重强调印度对非洲传统友谊与政治联系，扩大对非互动空间与拓展对非合作机制的同时，又突出印度在非洲的重点伙伴国家与重点合作领域，从而深化了印非合作关系，一定程度上提升了印度在非洲的影响力，增强了印度在国际机制中的发言权。

本报告对印度对非政策演变加以分析，研究探讨印非政治、经贸和人文交流等关系发展的现状和前景，并结合中印对非政策异同、印度对中非合作的认知等议题，提出当前中印在对非合作上存在的分歧，并从智库的角度提出相关的对策。报告指出，作为重要发展中国家与新兴经济体，印度对非政策及其取得的成效，对中国具有一定的借鉴意义。中印两国都曾是非洲民族解放的支持力量，主张在相互尊重、平等互利的基础上，加强对非合作，倡导第三世界的权益。为适应"一带一路"倡议在非洲的开展，中国一方面需充实中非合作机制，以适应未来中非关系的发展需要；另一方面可顺应中国发展大局与中印关系逐步改善的机遇，探索同印度在涉非经贸、安全等相关议程上开展磋商与合作。

关键词：印度；非洲；南南合作；国际关系；对策建议

Abstract: Since entering the 21st century, Africa, through rich resources and sustaining economic development and political unity, has increasingly attracted the attention of the international community. In order to ensure energy security, development of the national economy and enhance the status as a great power, Indian government no longer entertains cold attitude towards Africa, instead, it has actively adjusted its Africa policy, expanded practical India-Africa cooperation and promoted flexible diplomacy with African countries. While stressing traditional friendship, political ties, interactive space and cooperation platforms, India highlights the key areas of cooperation and the main partner countries in Africa. India has not only deepened India-Africa partnership, but also enhanced its influence in Africa and raise India's voice in the international mechanism.

This report analyzes the evolution of India's African policy, and studies the current status and prospects of the development of India-Africa relations in the fields of politics, economy, trade and humanities. What's more, combining the issues of similarities and differences of China and India's African policy, and India's understanding of China-Africa cooperation, this report puts forward the current differences between China and India's cooperation with Africa and proposes relevant countermeasures from the perspective of think tanks. The report points out that, as an important developing country and an emerging economy, India's African policy and its achievements have certain reference significance for China.

Both China and India used to be the supporting forces of African national liberation. They advocate strengtheningmutual cooperation and advocating the rights and interests of the third world on the basis of mutual respect, equality and mutual benefit. In order to adapt to the "One Belt, One Road" initiative in Africa, China must, on the one hand, enrich cooperation mechanism to adapt to the future development needs of China-Africa relations, and on the other hand, it can comply with the opportunities of China's overall development and the gradual improvement of Sino-India relations, and explore the possibilities of negotiation and cooperation with India on relevant African agendas related to economic, trade and security.

Key Words: India, Africa, South-South Cooperation, International Relations, Countermeasures and Suggestions

目 录

前 言 …………………………………………（1）

一 21 世纪印度对非政策的演进轨迹、升级动因与思路 …………………………………（1）

（一）世纪之交印度对非洲的相对"忽视"：1991—2004 年 …………………………（2）

（二）曼莫汉·辛格政府时期印度与非洲关系的提升：2004—2014 年 ……………（6）

（三）纳伦德拉·莫迪政府时期印度与非洲关系的深化：2014 年 5 月—2019 年 5 月 ………………………………（15）

二 印度与非洲合作的领域和效果 ……………（30）

（一）印度与非洲的合作领域 ………………（30）

（二）印非各领域合作取得的成效 ………… (68)

三　印度与非洲关系走势 ………………………… (91)
　　（一）增强印非政治互信实现印度长期
　　　　　悟守的大国梦想 ……………………… (91)
　　（二）深化印非经贸合作完成印度经济
　　　　　发展目标 ………………………………… (95)
　　（三）推动印非安全磋商稳定印度国内
　　　　　局势 ……………………………………… (98)
　　（四）强化印非人文联系巩固印度人民党
　　　　　执政基础 ……………………………… (101)

四　印度与中国在非洲的利益关系 …………… (105)
　　（一）印度与中国在非洲的利益关系
　　　　　评估 ……………………………………… (105)
　　（二）影响中印在非洲利益关系的基本
　　　　　因素 ……………………………………… (120)

五　推动中印在非合作的政策建议 …………… (125)
　　（一）重视印度对非政策对中非关系的
　　　　　借鉴意义 ……………………………… (125)
　　（二）防范印非关系给中非合作带来的
　　　　　负面冲击 ……………………………… (131)

（三）妥善处理中印在非利益分歧 …………（138）

总　结 ……………………………………（156）

参考文献 …………………………………（159）

前　言

印度与非洲隔印度洋相望，受印度洋季风的便利，印度较早就与非洲东南部等地区存在零星的经贸来往。近代以来，非洲与印度沦为西方列强殖民地，两地人员互动更加密切。冷战时期，印度支持非洲反殖民主义与种族主义斗争。两极格局终结后，印度对非洲政策的演变可划分为三个阶段：一是冷战结束初期至21世纪初的"相对冷淡期"。为配合国内经济自由化改革，此期间印度合作重点转向欧美发达国家，对非外交不够重视。二是21世纪初到2014年的"快速发展期"。受中非关系迅速发展等因素的刺激，时任印度国大党政府积极调整对非政策，确立印非论坛峰会机制，加强对非务实合作。三是2014年5月莫迪执政以来的"持续深入期"。以2015年第三届印度非洲论坛峰会颁布的《印非战略合作框架》文件为标志，印度正式与非洲建立战略伙伴关系。

外交战略是指国与国之间在交流和交往过程中根

据各国不同的情况，在某一段时间内，以维护本国利益为出发点而制定的方针、路线与方略。当前，印度的崛起已经成为国际社会不争的事实，其在非洲等第三世界区域的独特地位日渐引起国际社会的关注。2015年1月，时任印度外长斯瓦拉杰指出，按购买力平价计算，印度已经是世界第三大经济体。自2008年的首次印非峰会以来，印非贸易额由399.8亿美元增至765.9亿美元（2014年），印度成为仅次于欧盟、中国与美国的非洲第四大贸易伙伴。印度在联合国安理会常任理事国席位诉求上已获得南非等诸多非洲国家的支持。继2015年4月印度与美国召开首次非洲事务磋商会议后，2017年5月，印度总理莫迪宣布印度与日本将开展"亚非增长走廊"（AAGC）计划，加强双方在非洲能力建设、基础设施、卫生、农业、制造和人员伙伴关系等领域的合作。

需要指出的是，非洲地区国家数目高达54个，是发展中国家最集中的区域，为中国推进"一带一路"倡议的重要环节。2015年中非合作论坛第六届部长级会议通过的《中非合作论坛—约翰内斯堡行动计划（2016—2018年）》中明确表示非洲方面支持中国方面推进"21世纪海上丝绸之路"，并将非洲大陆包含在内，双方将推进蓝色经济互利合作。2017年5月的《"一带一路"国际合作高峰论坛圆桌峰会联合公报》

亦指出"一带一路"倡议加强亚欧互联互通，同时对非洲、拉美等其他地区开放。

不容忽视的是，印度对"一带一路"倡议具有一定的忧虑，面对"一带一路"框架下中非关系的推进，印度政府大力调整对非政策，提升非洲外交战略地位，深化印非经贸、安全与人文合作。因此，印度非洲关系在印度总体外交战略中的地位如何？印度与非洲合作的机制、内涵与影响几何？由于地缘政治的原因，印度将中国视为其崛起中的参照对象，中国因素促进了印度非洲关系的哪些变化？中国如何面对印度非洲关系快速发展等议题，成为本报告力图探讨的内容。

一 21世纪印度对非政策的演进轨迹、升级动因与思路

印度与非洲间一直存在千丝万缕的历史与文化联系。双方都有遭受英国殖民统治的惨痛经历，不过，也正是由于这段类似的经历，两者得以较早地发生联系。受民族情结的影响，印度早期民族解放先驱较早就对非洲等地海外印度人的反歧视斗争表示支持。冷战期间，印度声援非洲反对殖民主义和种族主义的斗争。冷战结束初期，出于配合国内经济自由化改革等因素的考量，印度将对外合作的重点转向欧美发达国家，对非外交不够重视，非洲开始淡出印度的视野，印非关系进入"相对冷淡期"。不过，21世纪以来，受中非关系迅速发展等因素的刺激，时任印度国大党政府积极调整对非政策，确立印非论坛峰会机制，加强对非务实合作。印非关系迈入"快速发展期"。自2014年5月莫迪领导的印度人民党执掌印度政坛以来，

印度与非洲确立战略伙伴关系，注重深化对非各领域的合作潜力，助推印非关系跨入"持续深入期"。

（一）世纪之交印度对非洲的相对"忽视"：1991—2004 年

冷战结束初期，印度经历拉奥政府、高达政府、古杰拉尔政府、瓦杰帕伊政府等几届政府更迭。尽管各届政府在国内政策上存有一定的差异，但发展对非关系皆秉持相对忽视态势，且具有较为明显的连续性，形成不同于冷战时期的印度对非政策。

1. 印度淡化对非合作政策的背景

20 世纪 90 年代，非洲开始淡出印度的视野。其原因有以下几点：一是印度在冷战结束后，失去苏联的战略依托，实力受到打击，无力顾及对非关系。二是由于自拉奥政府（1991—1996 年）启动以自由化、市场化为方向的改革，开启对外开放的实质性步骤。为给经济快速发展创造机遇，印度将外交的主要注意力转向了美国和欧亚国家，并与以色列和新独立的中亚五国建交，非洲在印度战略中的地位下降。三是非洲的国际战略地位也因为两极格局的终止而降低，减少了对印度的吸引力。在印度人民党执政时期（1998—

2004年），印度瓦杰帕伊政府在坚持对非经贸合作的同时，奉行现实主义思想，放弃20世纪80年代起国大党政府所推行的温和外交政策，坚持实力与大国外交。1998年5月，印度不顾国际舆论的反对，进行5次核试验，致力于建立三位一体的核打击力量；2003年，印度与巴西、南非启动印度巴西南非对话论坛，倡导联合国安理会改革。与此同时，印度淡化不结盟政策，逐渐对不结盟运动和第三世界失去兴趣，提出"20世纪印度成为发达国家"的口号。

2. 经贸合作日渐成为印度对非政策的着眼点

随着非洲殖民统治趋于终结，尤其是南非白人政权崩溃与纳米比亚独立以来，印度对非政策中经济内容加重，政治色彩淡化。主张在发展传统友谊的同时，重点发展对非洲国家在经济和技术方面的援助和支持，认为未来印度与非洲的新型关系将以经济、技术和教育的合作为基础，这种新型关系具有越来越重要的意义。1992年，为深化与东部和南部非洲国家传统的贸易关系，印度进出口银行与覆盖东部和南部非洲21个国家的优惠贸易区（PTA）银行签署协议，向PTA成员提供600万美元的信贷额度，用于进口印度的资本货物，PTA覆盖来自东部非洲和南部非洲的21个国家。1994年，东南非共同市场代替了PTA。自1995年起，印度工业联合会等商贸组织开始在非洲市场上推出"印度制造展"，展示印度的产品、服务、咨询、技术和设备。

值得关注的是，随着1996年颇具印度民族主义色彩的印度人民党的上台，印度加强了与全球海外印度人的联系，以图助推国内经济社会发展。2003年，印度将1月9日这一甘地1915年从南非回到印度的日期定为"海外印度人日"，并在该日举行海外印度人大会。2004年，印度设立海外印度人事务部。2002年，作为进出口政策的一部分，印度政府启动"聚焦非洲"计划。印度政府以市场发展援助的方式，向印度的贸易推进组织、出口推进委员会和商会提供资金援助，重点加强与尼日利亚、南非、肯尼亚等非洲国家的经贸合作。2003年，印度最大的国家石油公司——印度石油天然气公司（ONGC）的子公司海外勘探有限公司（OVL）购买苏丹大尼罗河石油公司（GNPOC）45%的股份，这是印度在非洲石油部门的首笔投资。

一方面，印度积极扩大对非接触面，将对非互动的地区范围超越传统的英联邦与"不结盟运动"国家。冷战期间，印度同西非法语国家几乎从未签订过文化或贸易协定。为了加强同西非国家的政治和经济联系，1995年11月，时任印度总理拉奥访问了布基纳法索和加纳。1996—1997年，印度外交部部长特使又访问西非许多国家，与这些国家开展农业和农村项目合作。另一方面，印度积极与非洲地区组织建立伙伴或合作关系，以弥补其与非洲单个国家双边关系发展的不足。1996—1997年，印度与非洲统一组织（OAU）、联合国非洲经济委员会（UNECA）、南部非洲发展共同体（SADC）、西非经济共同体（ECOWAS）和非洲发展国际会议（TICAD）等都开展了交往。[①] 1997年，时任印度总理高达在参加津巴布韦首都哈拉雷举行的15国集团（Group 15）首脑会议期间，宣布设立一个金额达10亿卢比的循环基金，以加强与非洲的地区合作。[②]

3. 印度相对淡化与非洲合作政策的影响

印度对非洲的总体忽视态度，亦招致非洲的不满。海湾战争期间，印度曾希望借助自己作为不结盟运动倡导者的地位，通过一项和平决议，而响应者寥寥无几，令印度感到吃惊。1996年，联合阵线执政下的印度政府（1996—1998年）在争取联合国非常任理事国时，因没有得到非洲国家的支持，结果以非常大的差距败给了日本。印度朝野对此大为不解，深感印度外交的失败和第三世界"朋友"的不可靠，要求重新反

[①] 刘宗义：《印度对非洲政策的演变及其特点》，《西亚非洲》2009年第3期。

[②] Ruchita Ber, "India's Africa Policy in the Post-Cold War Era: An Assessment", *Strategic Analysis*, April-June 2003, p. 221.

思印度外交政策的呼声迭起。① 一些非洲国家则指责印度只是在国际场合某些议题表决时，才想起与非洲官员沟通、磋商。印度著名学者 C. 拉贾·莫汉（C. Raja Mohan）指出，非洲在印度外交中至今仍是盲区，印度与非洲之间的关系不应再建立在华而不实的政治辞令上了。

（二）曼莫汉·辛格政府时期印度与非洲关系的提升：2004—2014 年

21 世纪以来，中非关系快速发展，非洲在国际政治经济中的影响力增强。在加强印非贸易，促进能源来源多样化，提升国际地位的考量下，印度国大党主导下的曼莫汉·辛格政府（2004 年 5 月—2014 年 5 月）改变冷战后历届印度政府在对非外交关系上不够重视的态度，积极调整对非政策，开展对非务实合作，推动灵活的对非外交。

1. 辛格政府对非洲战略地位的再评估

辛格执政以来，积极推进大国战略，重新确立非洲在其国家战略中的地位。在经济与安全层面，随着

---

① 陈继东主编：《当代印度对外关系研究》，巴蜀书社 2005 年版，第 87 页。

外向型经济的发展与恐怖主义威胁的凸显，印度愈加重视非洲在实现经济可持续发展与维护国家安全中的作用。在外交层面，受局势趋稳、一体化深入与中非合作快速推进等因素的影响，非洲的国际地位不断提升，印度由此越发看重非洲在推动全球治理变革，助推自身实现大国夙愿上发挥的积极作用。

（1）非洲是印度海军战略重要的一环

受地缘政治的影响，印度政府往往将非洲局势与印度国家安全战略联系在一起。印度首任总理尼赫鲁宣称："尽管非洲与印度相隔印度洋，但从一定意义上讲，非洲是印度的近邻。"[1] 根据2008年的数据，印度近89%的石油、90%的贸易量是通过海路,[2] 有500亿美元的进口值与600亿美元的出口值商品通过亚丁湾。[3] 正因如此，印度前外长慕克吉（Pranab Mukherjee）表示：印度在这些水域（印度洋）有重大的安全利益，这与印度的能源安全息息相关。[4]

---

[1] TG Ramamurthi, "Foundations of India' Africa Policy", *Africa Quarterly*, Vol. 37, No. 1&2, 1997, p. 30.

[2] Chietigj Bajpaee, "The Indian Elephant Returns to Africa", *South Asia*, April 25, 2008, http：//www.atimes.com/atimes/South_Asia/JD25Df02.html.

[3] Anti-Piracy Operations, "Indian Navy", http：//indiannavy.nic.in/AntiPiracy.htm.

[4] Alex Vines, Bereni Oruitemekai, "India's Engagement with the African Indian Ocean Rim States", http：//www.chathamhouse.org.uk/files/11293_india_africa0408.pdf.

2004年6月,印度辛格政府出台《海军新作战学说》,指出印度和亚洲国家所需80%左右的能源均从印度洋通过,印度洋上的恐怖主义、海盗和武器走私活动极为猖獗;印度有着广阔的沿海岛屿和200海里专属经济区,一旦将来与周边或区域外国家爆发武装冲突,战场将不会只局限于陆地,很可能扩大至海洋上,表示印度海军的远景目标是全面控制印度洋、东进太平洋、西出大西洋、南下非洲,将印度的战略利益逐步延伸至西起波斯湾、东至南中国海、南抵非洲的广大海域,实现印度海军从"近海防御"和"区域威慑"思想转向"远洋进攻"战略。

(2) 非洲是印度提升国际地位的依托

早在独立前,印度国大党领袖贾瓦哈拉尔·尼赫鲁就表达了复兴印度,使印度成为"有声有色"大国的愿望。[①] 该设想在很大程度上被其后任者所承袭,并成为印度外交战略的重要目标。21世纪以来,随着经济的强劲增长与军事实力的增强,印度的大国梦想愈加强烈。2003年,美国高盛公司将印度列为"金砖四国"之一。通过1998年的核试验,印度成为事实上的拥核国家。而"9·11"事件后美国发动的全球"反恐战争",促使南亚的战略地位凸显,印度在国际舞台上的地位有所提升。

---

① [印] 贾瓦哈拉尔·尼赫鲁:《印度的发现》,齐文译,徐波审译,世界知识出版社1956年版,第57页。

辛格总理在第59届联大会议上发言时表示，"印度有实力也有能力同其他大国一道解决即将出现的各种关键性问题"，明确指出印度应成为安理会常任理事国的一员。2005年，印度与巴西、日本、德国结成四国"争常"联盟；但四国提案因没有得到占联合国成员1/4强的非洲联盟的支持，而被联合国驳回。"入常"的失败促使印度认识到非洲是"一股庞大的势力，如果想在安理会争得一席，这个集团的支持是举足轻重的"。要想成为联合国安理会的常任理事国，实现寻求政治大国地位的重要突破口。印度应在加强与西方大国关系的同时，推动外交伙伴的多元化，提升非洲在印度外交战略中的地位，与非洲国家建立更加紧密的外交联系。

（3）非洲拥有印度经济发展所需的市场与资源

非洲是印度重要的商品出口市场，而且潜力巨大。1990—1991年，印度对非洲出口只占其出口总额的2.7%，到2001—2002年，增长到6.4%。非洲人口超过9亿，占世界人口总数的14%。据估计，到2025年非洲人口将增至20亿。占到世界人口的17%，到2050年非洲人口将达20%。[①] 据此，印度认为尽管非

---

① Indian Ministry For External Affairs, *Statement by H. E. Yoweri Kaguta Museveni President of the Republic of Uganda*, *At the India /Africa Partnership Summit Forum*, New Delhi, India 10th, April 2008, http：//meaindia. nic. in/.

洲贫穷落后，但将为印度打开一个可观的市场。2005年，印度工商联合会发表报告，确认尼日利亚、南非、肯尼亚等8国为印对非出口的主要目的地，确定以药业、卫生部门、IT行业等五个部门为推动印度对非贸易的"增长引擎"。

值得一提的是，对21世纪以来经济增长超过8%的印度而言，能源的需求日益迫切。到2008年，印度石油需求的约75%依赖进口，印度人均能源消费量仅有520千克油当量，不及世界人均水平的1/3。预计到2020年印度对外部石油的依赖度将超过90%。据国际能源机构（IEA）估算，2030年，印度能源的消耗总量将会翻一番，达81200万吨油当量，[①] 届时印度将超过日本和俄国，成为仅次于美国和中国的世界第三大能源消费国，而且40年后，预计印度现在主要的能源——煤将使用殆尽。[②] 由于能源进口的65%来自动荡的中东地区，印度迫切需要找到可替代的石油供应地。

撒哈拉以南非洲的石油储备占世界的7%，产量占11%。2001年世界新发现的80亿桶原油储备中，有70亿桶在西非和中部非洲。据估计，几内亚湾有240亿桶的储备。撒哈拉以南非洲的石油产量从2005年的

[①] The Brooking Institution, *Energy Security Series: India*, p. 9.
[②] Sanusha Naidu, *India's African Relations: Playing Catch up with the Dragon*, http://www.globalization-africa.org/papers/84.pdf.

每天380万桶,将增加到2008年的680万桶。据能源信息机构(EIA)的保守估计,到2030年,撒哈拉以南非洲地区将日产原油900万桶。① 而且,几内亚湾的石油为低含硫稠油,更容易精炼,大部分的油田在海上,有利于减少成本和减少政治动荡的风险。所以,非洲成为印度理想的可替代的石油供应地。对此,印度有学者明确表示,"印度需要非洲的石油和天然气,不进入这个能源市场,印度经济将可能陷入泥潭"。

(4) 中国成为印度深化对非关系的参照

中非关系的快速发展在一定程度上刺激印度加大对非洲的关注力度。在印度看来,中国对非贸易的规模在1999年还不如印度,但2004年中国对非贸易跃至550亿美元,超过印度的300亿美元。此期间,非洲对华出口飙升至48%,而对印度的出口增幅仅为14%。② 2004年,印度石油天然气公司在安哥拉的一个巨额石油区块的招标中输给中国,印度一方面认为这是其愿向安哥拉提供的3亿美元援助无法与中国提出的20亿美元相抗衡,另一方面开始审视自己在非洲的外交和投资行动。而2006年,中国和48个非洲国

---

① Ruchita Beri, *Africa's Energy Potential: Prospects for India*, http://www.idsa.in/publications/strategic-analysis/2005/jul/Ruchita.pdf.

② Chietigj Bajpaee, "The Indian Elephant Returns to Africa", *South Asia*, April 25, 2008, http://www.atimes.com/atimes/South_Asia/JD25Df02.html.

家发起的中非合作论坛北京峰会,更是对将中国视为潜在竞争对手的印度产生不小的震动,印度商业部国务部长拉梅什甚至声称,"中国人把我们远远甩在后面"。

2. 辛格政府加强对非关系的主要思路

在辛格政府的引领下,印度重视非洲在印度实现大国梦想中的地位,调整对非外交,其对非政策出现了新的趋向。相比往届政府,辛格政府更加注重以区域与世界大国的姿态开展对非外交。这不仅体现在印度与非洲国家的合作与互动机制、机构更具全面性与针对性,还体现在印度注重强调自身在涉非关系上所具有的地缘与人文优势,并以此深化印非各领域合作,展现印度对非关系的独特性,提升印度在非洲国际关系中的地位。

(1) 提升非洲在印度大国战略中的地位,强调印非关系的独特性

辛格政府的对非举措力争在三个方面为印度的大国战略布局:一是深化印度与环印度洋非洲国家的战略对话,配合印度主导印度洋和东进太平洋的"两洋战略"目标,提升印度在环印度洋地区的影响力;二是加强印度与非洲34个最不发达国家的合作,强调对非洲发展的贡献,努力展示印度在第三世界的国家形

象；三是注重与非洲在联合国改革等国际议程的协商，配合印度的"入常"要求，提高印度在全球治理上的发言权。

正因如此，印度政府尤为强调其对非关系的独特性。2010年，时任印度外长克里希纳认为，印非关系基于历史久远的友谊，对非持续伙伴关系的主要特点在于分享最好的发展经验与实践，致力于能力建设与人力发展；同年，辛格表示印度已经通过支持非洲机构、基础设施与技术发展等举措，为印度援助非洲开辟自身的路径。[①] 之后，他又强调私人部门是印非伙伴关系的驱动力。而印度当时的外交国务部长塔鲁尔则明确强调印非关系独立于中国，印度对非政策不受中印竞争的影响；反对将印度重温对非关系视为是出于对中国在非洲投资的忧虑。

（2）推行对非灵活外交

辛格政府继承印度对非合作机制与机构方面的灵活性。印度政府1964年设立的印度技术和经济合作计划原本是双边援助计划，但在辛格政府的推动下，该计划不但向非洲—亚洲农村重建组织提供帮助，而且与南部非洲发展共同体等非洲地区组织也启动了合作项目。2003年，印度外交部非洲司一分为三，分别负

[①] "India Is Committed to Supporting Africa: Manmohan Singh", *Indo-Asian News Service*, March 27, 2013.

责西非和中非、东非和南部非洲、西亚和北非。为加大援助力度、增加透明度与提高效率，2012年，印度成立官方发展援助机构——印度发展伙伴关系管理局（DPA）。为发挥海外侨民的力量，印度设有独立的海外印度人事务部。

印度在推动对非关系方面较为全面。在侧重加强与东南非等印度传统友好国家合作的同时，印度确立与非洲各个地区及非洲整体的合作机制，这其中不仅有政府外交部等部门的积极推动，还有印度工商联合会、印度工业联盟等企业组织的大力配合。2008年，南部非洲发展共同体、东南非共同市场、西非国家经济共同体等组织应邀参加首次印非论坛峰会，会议发布的《德里宣言》，强调印非一致同意除了在双边、地区和多边领域进行高层政治交流外，应该每3年召开一次会议。除此，印度注重推动与非洲在政治、经济、文化与军事安全等领域的合作实现几乎齐头并进的发展。

（3）注重对非软实力构建

印度强调相对于中国在非洲进行规模很大且广受关注的基础设施与能源资源开发相比，印度在非洲更显"静悄悄"，更着眼于非洲未来的发展，侧重对非洲人力资源培训与能力建设的支持；相比华人，印度表示在非印度人大多融入非洲社会；认为不同于在非的中国国有企业，作为推进印度对非关系主体的私人部门，更加注重与非政府组织与公民社会的互动，接触面更广；印度还注重对非文化外交，强调与非洲地理接壤、共同的殖民经历与相似民主政体；值得注意的是，尽管印度被国际社会视为"金砖国家"，且国内不乏自诩大国的言辞，但辛格政府则表示印度与非洲的发展阶段相近，面临相似的发展挑战，重视在非印度企业的社会责任，强调印度科技对非洲更具适应性，注重在最不发达框架下加强与非洲国家的互动。

（三）纳伦德拉·莫迪政府时期印度与非洲关系的深化：2014年5月—2019年5月

2014年5月以来执掌印度政坛的莫迪政府，以建立强大、自立、自信的印度为目标。新政府不仅积极加强与美国和欧洲等大国的关系，还推出诸多深化与非洲关系的新举措，印度对非关系亦呈现新特点。

1. 莫迪政府深化对非合作的缘由

莫迪执政以来，印度国力持续增长，其提升大国地位的愿望愈发强烈。为增强区域影响力，莫迪政府更加重视海外印度人在助推大国战略中的建设性作用。

出于配合经济可持续发展、维护国内政局等考虑,印度希望拓展在非洲国家的市场机遇,深化印非在应对恐怖主义等非传统安全方面的合作。

(1) 实力增长进一步激发印度大国梦想

莫迪上台给印度实现长期持有的大国梦想带来新的憧憬。这一方面在于莫迪政府一定程度上促使印度经济摆脱"增长困境"。2010年印度国民生产总值增长率为8.9%,2011年、2012年、2013年则分别下滑为6.7%、4.5%、4.7%。[①] 而2015年,印度经济增速超过中国,达到7.5%。根据莫迪政府调整后的GDP统计方法,按照1美元兑换66.6卢比的比值,2016年,印度GDP达约2.3万亿美元,超过其前宗主国英国(约为2.29万亿美元)。[②] 另一方面是由于莫迪本人在印度政坛拥有政治强人的形象。莫迪在担任古吉拉特邦首席部长期间推动改革,创造了经济快速发展的奇迹。2001—2010年,古吉拉特邦年均综合增长率高达10.97%。在2014年大选获胜时,莫迪誓言将让21世纪成为印度世纪,帮助12.5亿印度人民实现梦想。不仅如此,莫迪所在的印度人民党获得印议会下院的多数席位。2014年的联大会议上,莫迪呼吁

---

① 吕昭义主编:《2016印度国情报告》,社会科学文献出版社2017年版,第3页。

② 赵随喜:《莫迪的改革与印度的未来》,《金融博览》2017年第6期。

评估联合国过去70年的成效，强调改革安理会，使印度成为安理会常任理事国的一员。

印度主张在印非经贸合作快速发展的基础上，进一步深化对非关系。2014年，时任印度外长斯瓦拉杰表示没有非洲支持，印度、德国、日本与巴西四国集团将无法推动联合国安理会改革。① 2015年，印非贸易达619.63亿美元，印度超过美国，成为仅次于欧盟、中国的非洲第三大贸易伙伴。② 印度在非洲新建投资中的比重由2003—2008年的3.3%增加到2009—2015年的6.1%，而同期，中国则从4.9%降至3.3%，2015年印度在非洲新增45个项目，成为次于美国、英国和阿拉伯联合酋长国的非洲第四大投资方。③ 印度因此认为印非政治交流规模与日趋密切的经贸联系不相匹配。为在实现大国地位上获得非洲实质性帮助，印度强调应向非洲提供更多优惠，拓展外交合作的层级与规模。除此，印度认为自特朗普就任美国总统以来，美国对非洲的兴趣有所下降。这为主张对非发展合作的印度，进一步深化与非洲联系提供了机遇。

---

① "Reform UN Security Council by 2015: Sushma Swaraj in NY Diplomatic Overdrive", *News Reality*, September 26, 2014, http://www.firstpost.com/politics/reform-un-security-council-by-2015-sushma-on-diplomatic-overdrive-in-ny-1730801.html.

② *UNCTAD Handbook of Statistics Online*, October 28, 2016.

③ "India Fourth Largest Greenfield Projects Investor in Africa: Arun Jaitley", *Energy Infra Post*, May 23, 2017, https://energyinfrapost.com/india-fourth-largest-greenfield-projects-investor-africa-arun-jaitley/.

（2）印度发展规划的调整

尽管印度经济总量增速明显，但其面临的发展任务仍很严峻。截至2014年，印度拥有全球1/3的贫困人口，他们每天的生活费用不足1.25美元。[①] 印度工业品生产不足，导致进口商品增加，常年面临贸易逆差。2013年，印度出口额仅为全球的1.7%，远低于中国的11%。2014年，印度石油的对外依存度高达77%，煤炭占一次能源消费的57%。[②] 印度有超过50%的人口从事农业，效率低下。2014年与2015年，印度农业增长率为-0.2%与1.1%，[③] 受干旱影响，2014年印度豆类产量减少12%，食品成为抬高消费物价指数的主要动因。根据世界经济论坛公布的《2014—2015全球竞争力报告》，印度基础设施在有统计数据的148个国家中，仅位列第87名，比2013年下滑2位。根据印度工业联合会的估算，2014—2019年，印度至少需要1万亿美元才能满足基础设施的需求。

印度希望创建新的发展模式，助推经济增长。2014年6月，莫迪政府发布《让印度重回正轨——经

[①] 杜幼康、李红梅：《印度发展的内外环境及其崛起的战略支撑》，《印度洋经济体研究》2016年第3期。

[②] 邢万里：《印度未来能源需求对中国获取境外能源的影响初探》，《地球学报》2017年第1期。

[③] 殷永林：《印度经济》，载吕昭义主编《2016印度国情报告》，社会科学文献出版社2017年版，第92页。

济改革的行动议程》，强调加强制造业、基层设施等领域建设，将印度打造为具有国际竞争力的制造业中心的目标。同年9月，印度推出"印度制造"计划，放宽军工、民航、零售等领域的外资准入限制，推动将制造业在GDP的比重从15%提升到2022年的25%，实现9%—10%的年均经济增长率，以为每年进入市场的1200多万印度青年创造就业机会。① 为稳定食品价格，印度决定加大对外农业合作，增加粮食进口。作为世界第五大能源消费国，预计今后20年印度能源消费将翻一番，印度计划加大海外能源资产收购。为拓展对外贸易，2015年3月，印度公布对外贸易新政策，推动到2020年将印度贸易出口额提升至9000亿美元。②

在印度看来，印非经贸合作呈现新机遇。其一，印度认为美国减少进口石油和中国经济发展减缓，导致非洲与美国、中国的经贸合作的速度放慢。受美国对油页岩的开发等因素的影响，美国不仅实现能源自给，甚至还将能源出口。作为非洲最大贸易伙伴的中

---

① 李艳芳：《印度莫迪政府经济发展战略转型的实施、成效与前景》，《南亚研究》2016年第2期。
② Et Bureau, "Government Unveils New Foreign Trade Policy Aims to Raise Exports to ＄900 billion by 2020", *The Economic Times*, April 2, 2015, http：//auto. economictimes. indiatimes. com/news/policy/government-unveils-new-foreign-trade-policy-aims-to-raise-exports-to‐900‐billion-by‐2020/46771769.

国发展增速有所减缓。① 其二，南亚地区一体化进程缓慢。南亚区域内贸易成本高，是世界上经济整合程度最低的地区，甚至不如撒哈拉以南非洲。区域内贸易只占该地区与世界贸易的10%左右，区域内投资仅为外部对该地区投资的5%，印度在南亚地区内贸易只有印度全球贸易的6%强。② 其三，非洲经济发展前景较好。尽管受埃博拉病毒、财政赤字和中国需求减少等因素冲击，世界银行仍预测撒哈拉以南非洲经济将在2014年增长4.6%，2015年和2016年都能实现5.2%的增长，2017年增速将达5.3%。③ 这其中与非洲经商环境的改善密不可分。2015年，逾30%的全球商业监管改革发生在非洲。不仅如此，为实现经济可持续发展，2015年6月非洲联盟首脑会议通过旨在推动非洲和平繁荣的《2063年议程》，表示将注重发展工业化与绿色经济、创造就业，实现非洲2025

---

① ET Bureau, "India to Become Fastest-growing Economy in PM Narendra Modi Government's 4th Year: World Bank", *The Economic Times*, January 14, 2015, http://articles.economictimes.indiatimes.com/2015-01-14/news/58066085_1_jim-yong-kim-global-economic-prospects-export-growth.

② Indian Ministry of External Affairs, "Special Address by External Affairs Minister on 'SAARC in a Globalizing World' Organized by South Asian Univeristy at IIC", December 8, 2014, http://mea.gov.in/Speeches-Statements.htm?dtl/24439.

③ Amy Copley, "Africa in the News: World Bank Predicts Rise in African Growth 2015-2017", October 10, 2014, http://archive.feedblitz.com/956953/~4835115.

年消除饥饿、2020年根除战争等目标。

（3）印度对自身战略与安全环境的担忧

莫迪政府认为印度战略环境面临新挑战。在印度看来，俄罗斯向华出售苏-35战机、S-400防空导弹等先进武器，表明中俄关系在升温，不仅如此，俄罗斯与巴基斯坦关系逐渐回暖，2016年俄罗斯与巴基斯坦还举行首次军演，这促使印度担忧其在亚太地区地位存在下降的风险。自2013年中国提出"一带一路"倡议后，印度更是质疑声不断。印度认为尽管"一带一路"倡议的主要内容是经济合作，但其对中国拓展外交影响力、提升地缘政治地位具有重要意义，认为中国正加速在印度洋的存在与扩展，中国倡导下的中巴经济走廊建设、在非洲之角吉布提设立的首个海外军事基地等，都表明中国在拓展全球利益上更具扩张性，是加固针对印度的"珍珠链战略"的努力，势必损害印度在南亚、印度洋地区的主导权。为对冲"一带一路"倡议，印度希望构建以印度为主体的区域合作，推进印度经济与地缘政治利益。莫迪总理甚至表示，"印度洋是我们外交的重中之重"，"我们必须承担塑造印度洋未来的责任"。[1]

一方面，近些年来，恐怖主义威胁日渐引起印度与

---

[1] 王世达：《印度：从"东动"到"西进"》，《瞭望》2016年第22期。

非洲的高度关注。莫迪上任后，公开提出将"采取一切必要手段捍卫印度的国家利益"，决不容忍 2001 年印度议会大厦恐怖袭击事件和 2008 年孟买恐怖袭击事件的重演，[1] 强调没有理由能为恐怖行动提供合理性，应该维持恐怖主义的零容忍态度，呼吁所有国家加强反恐战略合作，禁止恐怖分子的跨国行动。[2] 2015 年，恐怖组织"伊斯兰国"（IS）扬言将战场扩大到印度，并干掉莫迪总理。同年的印度国防部年度报告认为恐怖主义以及恐怖组织活动或许是对和平与安全最为严重的威胁，强调进一步加强"区域合作"，即地区合作是提升应对非传统安全挑战能力的有效途径。[3] 另一方面，近年来，非洲国家的军事开支在增长。2004—2013 年，非洲军费累计总额超过 3000 亿美元，2013 年，非洲国家的军费高达 450 亿美元，比 2004 年增加 81%。[4] 其主因之一是以尼日利亚"博科圣地"、索马里"青年党"为代表的非洲恐怖主义对非洲的安全威胁剧增。2014 年，因

---

[1] 丁皓：《印度莫迪政府对外政策调整及其影响》，《中国军事科学》2017 年第 1 期。

[2] Indian Ministry of Defence, *Annual Report Year 2014 - 2015*, p. 2. http：//mod. nic. in/writereaddata/AR1415. pdf.

[3] Indian Ministry of Defence, *Annual Report Year 2015 - 2016*, New Delhi, 2016, p. 3.

[4] 李安山：《2014 年非洲经济形势分析与展望》，载中国国际经济交流中心编《国际经济分析与展望（2014—2015）》，社会科学文献出版社 2015 年版，第 194 页。

"博科圣地"恐怖袭击而造成的死亡人数高达6644人，比2013年增加31.7%，超过"伊斯兰国"的6073人，高居全球恐怖组织首位。该年9月，非洲联盟和平与安全理事会敦促所有会员国积极持续有效地打击恐怖主义与极端思想。2015年1月和6月的非盟峰会，把组建地区反恐部队提上议程，并谋划出台全非反恐战略，构建情报共享机制。

2. 莫迪政府深化对非合作的构想

莫迪政府更加明确非洲在印度实现大国战略中的角色与意义，将对非外交置于优先地位，进一步加强与非洲在联合国改革等议程上的磋商，推动与非洲国家在制造业、海洋经济等领域的合作。通过发挥自身在印度洋区域的地理、外交与文化优势，印度一方面加强对非防务合作与情报分享，提升其作为印度洋"安全提供者"形象；另一方面深化与在非印度人的联系，加大对非洲国家能力建设的援助力度，增强在非软实力。

（1）进一步明确非洲在印度大国战略中的地位

与前任总理曼莫汉·辛格执掌的印度国大党政府时期的印度对非政策相比，莫迪更加清楚且全面地阐述了非洲在印度未来大国战略中的地位。其一，非洲国家是印度提升其在环印度洋地区影响力的支撑点。

2008年以来倡导印非峰会的国大党政府亦声明印非是跨印度洋的邻居，之后，为打击索马里海岸的海盗，印度派军舰前往亚丁湾附近，为本国商船护航，加强与非洲国家就消除海盗威胁等议程的协商。2014年9月，印度莫迪政府发起首次印度洋对话会议。2015年3月，莫迪相继访问塞舌尔、毛里求斯，成为时隔34年与10年后对这两国进行访问的首位印度总理。2015年的印非峰会论坛上，印度则希望加强与非洲国家在发展海洋经济上的合作，共同维护海上安全。其二，深化对非关系是印度凸显其在第三世界形象的重要环节。第三次印非论坛峰会上，印非认为双方合作的所有层面都俱是南南合作的体现，通过加大对非信贷规模、支持非洲能力建设，拓展对最不发达国家的免关税优惠计划等路径，利于扩大印度在发展中国家中的影响力。其三，首次明确将加强与非洲海外印度人的联系，纳入印度扩大其文化影响力的重要议程。2015年的印非《德里宣言》首次以文件的形式承认海外印度裔在印非关系中扮演的积极角色，申明将继续推动人员互动。认为印度和非洲代表具有人口优势的快速发展经济体，并正在通过非洲的印度裔在非洲大陆的积极参与，建造印非悠久的发展伙伴关系。其四，加强与非洲在联合国改革等国际议程的协商，提高印度在全球机制中的发言权。尽管联合国改革的难度很大，非洲各国在历届印度非洲峰会上并没有一致表示支持印度的"入常"愿望，但印度认为通过与非洲国家在联合国安理会改革等议程上的进一步协商，有利于增强印度"入常"的呼声。

（2）注重印度对非关系的协调性

莫迪政府重视将对非合作议程与国内政治经济需求相协调。莫迪强调非洲的海外印度人为印非合作的桥梁，呼吁海外印度人参与印度经济建设，这不仅配合国内发展议程，适应扩大印度文化软实力，还迎合莫迪总理依靠印度教文化，巩固印度人民党的执政地位，扩展国家影响力的政治需要。值得一提的是，莫迪不仅重视中央层面的对非互动，还注重扩大地方层级在印非关系中的参与度。

印度莫迪政府重视将印非相互尊重原则进一步深化。其一，强调印非合作的南南合作性质。2015年的印非峰会论坛上，印非认为此峰会是2014年77国集团成立50周年以来的首次南南合作，两者重温殖民历史和共同抵制殖民历史斗争的共同经历，强调平等、友谊和团结为双方合作的基础。① 其二，注重印非合作的双向性。印度总理莫迪向非洲国家明确表示，印非合作关系不是"单向"的，"非洲的许多成功"也值

---

① Government of India, Delhi Declaration 2015, http://mea.gov.in/Uploads/PublicationDocs/25980_declaration.pdf.

得印度学习，强调印非在城市化、教育、就业以及消除贫困等方面将面临同样的挑战。① 其三，更加注重倾听非洲的呼声，印度总理莫迪指出印度已意识到印非合作项目的主张与执行之间存在差距，② 表示其已认真仔细听取非洲就促使印非伙伴关系的有效性，而提出的更具建设性意见，强调非洲国家的反馈，将在重构印度对非信贷方面发挥很重要的作用。③

　　印度莫迪政府注重与非洲在重要合作议程的对接。在大国地位上，印度与非洲明确表示将推动联合国安理会变革，拥有与现任常任理事国同等的权力；在经济领域，莫迪政府强调其倡导的包容性理念，推出的"印度制造"、加强农业、发展海洋经济、提升服务业在经济中的比重等倡议，同非洲联盟的《2063年议程》与联合国的《2030年可持续发展议程》的内容存在诸多吻合；在安全领域，印度倡导其对非洲和平构建的贡献，而非洲联盟则表示在非洲安全战略的设计中，将积极汲取印度在非洲维和方面所积累的经验，印非还表示将推动联合国全面反恐协议的早日出台。

---

① 《法媒：印度欲借印非高峰论坛追赶中国在非洲脚步》，参考消息网，2015年10月28日，http://observe.chinaiiss.com/html/201510/28/a7dfc0.html。

② Shubhajit Roy, "PM Offers Africa $10 – bn Loan Says Projects to Be Monitored", *Indian Express*, October 30, 2015.

③ Age Correspondent, "India-Africa Meet Once in 5 Years", *Asian Age*, October 30, 2015.

（3）强化印非经贸合作的实效性

印度注重提高非洲合作的具体成效。正如印度工商部长苏雷什·普拉布所言，印度在承诺对非项目方面，不应持有太大的野心，印度不可能一蹴而就地实现很大的抱负，印度应与非洲国家组建联合研究小组，探讨印非项目合作议题。[①] 2015 年印非峰会期间，印非双方表示要创建专门机制，使妇女在产品生产销售方面获得信贷支持。为适应互动规模扩大与合作项目目标多样化，提升项目执行效率，峰会申明将组建官方监测机制，制订监测模式与具体行动计划，跟踪印非《战略合作框架》的执行进展，并将印非论坛峰会举行的周期由每 3 年调整为每 5 年。印度还表示将与非洲驻印度使团代表组建协调机制，推动非洲对印度的投资。[②]

印度政府积极为印非经贸合作提供政治与经济支持。例如，为资助印度企业在海外竞标大型项目。2015 年 9 月，莫迪政府批准一项计划，推动印度进出口银行向参与海外具有战略意义的重要基础设施的印度公司提供优惠金融支持，一个由印度外交部、内政

---

① Huge Potential For Trade Between India, "Southern Africa Countries: Suresh Prabhu", http://www.zimfocus.net/index.php/2018/04/30/huge-potential-for-trade-between-india-southern-africa-countries-suresh-prabhu/.

② Indian Ministry of External Affairs, "Third Indian-Africa Forum Summit 2015: India-Africa Framework For Strategic Cooperation", http://www.iafs.in/documents-detail.php?archive_id=323.

部、工业促进和政策司、金融服务司等部门人员组成的委员会负责对项目展开评估。2018年8月，印度向非洲贸易保险机构（ATI）注资1000万美元，印度出口信贷担保公司（ECGC）将代表政府持有ATI的股份，印度由此成为ATI的首个非非洲国家股东，舆论认为这有助于ECGC资助非洲能力建设，便利印度企业向非洲出口。[1]

（4）重视在新兴领域与优势领域上深化对非合作

卫生、农业与海洋经济被视为印度加强对非合作的新兴领域。印度进出口银行表示将支持非洲能源输送和分配计划为主要焦点，但同时指出将以扶持非洲大陆卫生保健基础设施等社会部门项目为优先项目。[2]

印度还视支持非洲妇女与青年的能力建设为印非合作的重要议程。印度总理莫迪指出其领导下的内阁成员有26%是女性，世界应就印度的民主力量，给予印度应有的敬意，[3] 认为最好的伙伴关系是加强人力资

---

[1] "India-Africa Strengthen Trade Ties: ATI Receives US $10 mn", http://www.logupdateafrica.com/indiaafrica-strengthen-trade-ties-ati-receives-us-10-mn-trade-e-commerce.

[2] "Liberia: Ellen Holds Dev Meetings in India", *New Dawn*, October 30, 2015, http://allafrica.com/stories/201511021779.html.

[3] Et Bureau, "ET Global Business Summit: PM Modi's Core Team Sheds Light on Ambition to Make India a $20tn Economy", *The Economic Times*, January 18, 2015, http://articles.economictimes.indiatimes.com/2015-01-18/news/58200655_1_pm-modi-prime-minister-narendra-modi.

源与相关机构的合作,这利于增强其他国家自由选择的能力。① 强调印度与非洲 2/3 的人口在 35 岁以下,印度应利用自身在知识领域的专长,给予非洲年轻人更多教育与培训的机会。② 2015 年的印非《德里宣言》表示要推动双方年轻人间的能力建设和知识交流计划,支持未来两地年轻人的协调与合作。

---

① Smiest, "India Needs to Scale up Engagement with Africa", *Business Standard*, October 30, 2015.
② Vanakkam, "Speech by Prime Minister Shri Narendra Modi To the Indian Community in Malaysia", November 22, 2015, http://pib.nic.in/newsite/PrintRelease.aspx? relid = 131788.

二 印度与非洲合作的领域和效果

相对于冷战后的印度其他各届政府，印度曼莫汉·辛格政府与纳伦德拉·莫迪政府更加重视非洲，也更加看重印非合作在印度实现大国梦中的作用。印度对非洲政策的调整涉及印度国内机构、驻非使馆、对非合作机制与合作领域，既注重印非外交互动与务实经济合作，又重视对非防务磋商与文化交流。在新政策的影响下，印度不但在一定程度上改善其在非洲国家中的外交地位，提升印度参与全球治理机制的信心，而且吸引更多印度企业涉足非洲市场，推动印非经贸合作的深入。与此同时，印度文化在非洲的影响力有所增强，印非能源合作的成效显现。

（一）印度与非洲的合作领域

印度全面调整其对非政策。印度政府不但调整对国内涉非机构，而且有针对性地对印度驻非洲国家的使馆加以扩容。通过参与联合国维和、联合反恐、打击海盗等形式，印度增强与非洲国家的防务合作。在注重对非双边互动和深化与非洲地区合作基础上，印度与全非洲国家建立定期会晤机制。在巩固与东南非国家经贸关系的同时，印度加强了与中西非地区的经贸合作。作为新兴的发展中大国，印度还加大对非洲能力建设、人道主义等方面的援助力度。

1. 印度与非洲的政治合作

印度高度重视与非洲国家的政治外交关系。面对中国对非合作的快速推进，印度在加强与东南非国家传统友好关系的基础上，增强在西非等区域的外交存在，突出南非、尼日利亚等非洲大国在印非关系中的重要角色，重视强化对非整体外交，完善与非洲国家政治磋商的机制建设。

（1）深化与南非战略伙伴关系

印度重视与非洲地区大国南非的政治合作。长期以来，印度与非国大保持着密切的合作，早在南非种族隔离时期，印度就给予非国大大力援助和支持。20世纪90年代以后，随着南非种族隔离制度的废除、非国大的上台执政，印度和南非关系开始急剧升温。2004年9月，印度总统卡拉姆出访南非，开创首位印度总统的南非之旅。2005年3月、2007年8月，时任印度外交部部长纳特瓦尔、印度国大党主席索尼娅·甘地相继出访南非。此外，2004年，印度、南非与巴西组成三国对话论坛，呼吁安理会常任理事国中增加拉美、非洲及亚洲国家的席位，呼吁联合国进行改革。三国对话论坛已召开多次会议，相继签署相关协议，就相关共同关注的安理会改革、南南合作等国际问题达成共识。①

（2）改变印度在西非国家外交薄弱状态

由于印度裔较少、语言与地理空间等因素的制约，能源丰富的多数中西非法语国家一直是印度对非外交的薄弱环节。为改变这一状况，2007年10月，时任印度总理辛格对非洲最大石油产出大国尼日利亚的出访，为印度总理在截至当年的45年里首次访问尼日利亚。同年，印度政府决定在此后的两年里，将驻非使馆由25个增至29个，增设在马里、加蓬、尼日尔与布基纳法索的印度使馆。截至2015年，印度驻非使馆已增至30个。

（3）确立印度与全非洲的政治互动机制

2004年以后，印度明显加快与全非洲的外交互动步伐。同年9月，印度总统纳南亚南在泛非洲议会会议上，表示要加大执行"关注非洲计划"的力度，强调印度与非洲将建立合作伙伴关系。2007年，印度前外长慕克吉访

---

① 沈德昌：《试析冷战后印度对非洲的外交政策》，《南亚研究季刊》2008年第3期。

问埃塞俄比亚,其间,慕克吉会晤非盟主席乌马尔·科纳雷,探讨印非的政治合作问题。2008年,印度与非洲14国代表召开首次印非论坛峰会,其间,非洲虽然没有明确支持印度成为联合国安理会常任理事国,但双方强调注意到各自成为安理会成员国的愿望,同意未来双方就联合国及其工作方式早日实现真正的改革,特别是在恢复和提高联合国大会的角色和安理会的改革和扩大上,加强进一步合作。峰会通过《德里宣言》和《合作框架协议》,第一次以正式文件的形式,确定印非伙伴关系的基本原则、性质与基础,建立3年一次的定期会晤机制。2011年的第二届印非论坛峰会上,印度与非洲国家共同发布《亚的斯亚贝巴宣言》和《加强合作框架协议》两个纲领性文件,确定印非未来的合作领域和共同关注的全球治理问题,为全面深化印非关系明确发展方向。[①]

随着莫迪上台,印度政府推出"邻国优先"政策,将非洲视为印度首要外交优先方向,强调随着全球加大涉足非洲的力度,印度需深化与非洲国家联系,确保非洲不会再次变成一个充满敌对野心的舞台。[②] 择其

[①] 丁丽莉:《第二届印度—非洲论坛峰会评析》,《国际资料信息》2011年第7期。

[②] "Prime Minister's Address at Parliament of Uganda During His State Visit to Uganda", July 25, 2018, http://www.mea.gov.in/Speeches-Statements.htm?dtl/30152/Prime_Ministers_address_at_Parliament_of_Uganda_during_his_State_Visit_to_Uganda.

要者而言,莫迪政府对非洲的积极外交举措主要体现在三个方面:其一,扩展整体外交规模。第一、第二届印非论坛峰会,分别只有14个、15个非洲国家代表受邀参会,而受埃博拉病毒等因素的冲击,原本2014年召开的第三届印非论坛峰会延迟到2015年10月举行。不同于以往峰会,非洲所有54个国家的代表受邀参加第三届印非论坛峰会,可谓是自1983年在新德里召开不结盟运动峰会和英联邦峰会以来,外国领导人在印度参加的规模最大的会议,其间,莫迪创纪录地在6小时内连续接见19位非洲国家政府元首。峰会颁布《德里宣言》《战略合作框架》,表示将加强在太阳能、海洋经济、农业等领域的合作,推动人文和贸易联系,加大对印非合作项目的执行力度。其二,密切高层双边互访。2014年5月,被印度视为"拓展邻居"的毛里求斯代表,受邀参加莫迪总理就职典礼。到2018年7月,印度实现了部长级层面对所有非洲国家的访问。截至同年11月,印度总统、副总统和总理已完成对非洲塞舌尔、尼日利亚、肯尼亚、马达加斯加等国29次的访问,覆盖范围涉及非洲各个地区,被印度副总统文卡亚·奈杜视为印度外交史无前例的壮举。[①] 值

---

① "Vice President Successfully Completes 3 - Nation Africa Visit", November 7, 2018, http://orissadiary.com/vice-president-successfully-completes-3-nation-africa-visit/.

得一提的是,2015年,印度总理莫迪首访非洲的目的地是塞舌尔、毛里求斯。2017年10月,印度新任总统拉姆·纳特·科温德开启其首次外访之旅,先后访问了吉布提、埃塞俄比亚。其三,提升非洲在外交层级中的地位。为适应印非峰会规模扩大与合作项目目标的多样化,第三届印非论坛峰会期间,印非决定将双边关系提升至战略层面。

印度在重视加强与非洲国家双边关系的同时,还深化与非洲地区组织的互动。2010年10月,新德里举办首次印度与非洲地区经济共同体高管会议,由非洲联盟指定的6个非洲地区组织参与,共同就协调法律标准、创造共同市场与加强基础设施合作等议程加以协商。截至2018年年底,印非已举行六次印非经济共同体会议。2011年,印度与最不发达国家部长级会议在新德里召开,这对印非关系具有重要意义,总共48个世界最不发达国家中,有33个在非洲。

(4) 推动地方层级参与对非合作互动

在2014年大选中,印度人民党在竞选纲领中提出推行"积极外交",加强与世界各国和各地区的合作与交流,给予各地方邦在外交政策中更大发言权等主张。① 印度鼓励各邦利用共同边界、历史与文化联系等

---

① 陈利君:《印度新政府及其对外政策走势判断》,《印度洋经济体研究》2014年第4期。

优势，加强与其他国家中央或地方之间的关系。莫迪总理则强调将推动合作和竞争性质的新型印度联邦制，认为印度中央的决策，在很大程度上依赖地方各邦来执行，希望在解决贸易赤字与拓展"印度制造"市场份额等议题上，中央与各邦能加强合作。① 受此影响，2015年1月，南非和莫桑比克等国参加莫迪发起的"活力古吉拉特全球投资者峰会"。同年11月，旁遮普省工商企业协会（CICU）举办旁遮普省—非洲国际工程技术和采购展览会（IETSS），赞比亚、几内亚等非洲国家代表应邀参会，CICU期望该省对非出口贸易在9.33亿美元基础上实现翻一番。②

2. 印度与非洲的安全与防务合作

印度是非洲安全与防务领域的积极参与者。在多边层面，印度不仅重视参与联合国框架内的非洲维和行动，还注重在环印度洋区域合作联盟、印度巴西南非对话论坛等机制下，加强与非洲国家在反恐、军演

---

① "English Rendering of Prime Minister Shri Narendra Modi's Address at the Launch of 'Make in India' Global Initiative", September 26, 2014, http://www.mea.gov.in/Speeches-Statements.htm? dtl/24033/English + rendering + of + Prime + Minister + Shri + Narendra + Modis + address + at + the + launch + of + Make + in + India + global + initiative.

② "India-Africa Summit to be held in Ludhiana at the End of the Month", November 18, 2015, http://infoweb.newsbank.com/iw-search/we/InfoWeb? p_ product = AWNB&p_ theme = aggregated5&p_ action = doc&p_ docid = 1593611D5B618580 &p_ docnum = 77&p_ queryname = 2.

等方面的交流，在双边层面，印度通过支持非洲国家军事能力建设、联合巡逻等方式，介入非洲国家的防务事宜，提升在非洲的军事存在。

(1) 增强在环印度洋非洲国家的军事存在

为扩大与印度洋非洲国家的防务交流，印度自20世纪60年代起，就向非洲国家（主要是英语非洲国家）提供军事培训援助。通过签署谅解备忘录或者协议等方式，印度海军获得毛里求斯专属经济区与莫桑比克海岸组织巡逻等权利。2004年9月，印度与南非空军共同举办代号为"金鹰"的防务演习，其间，印度6架"幻影"战斗机前往南非，是印度首次调派如此大规模军力参与在南非的军演。2005年，印度向塞舌尔捐赠一艘巡洋舰、几艘巡逻艇和多架直升机，开始培训塞舌尔的海军军官，并在该国成立一个由两星级上将主管的新的国防办公室。2007年，印度与南非海军领导人就制定环印度洋地区合作系统等问题进行协商。不仅如此，印度斯坦航空公司还与毛里求斯达成价值1600万美元的飞机供应合同，加强该国警察维护安全能力。[1]

印度海军或牵头举办，或积极参与多国联合军事演习。2008年，印度海军"孟买"号导弹驱逐舰等访

---

[1] Government of Mauritius, "Mauritius and India Sign Contact for Acquisition of Dornier Aircraft", November 28, 2014, http://allafrica.com/stories/201411281186.html.

问南非，参加印度、巴西、南非三国首次联合海军演习。2012年2月1—6日，印度海军牵头举办的代号为"米兰"的多国联合军事演习，在安达曼和尼科巴群岛附近海域举行。"米兰"多国联合军演始于1995年，当时仅有4个国家参与，此后除2011年与2005年外每2年举行一次，参与联合军演的国家除印度外，还包括澳大利亚、马来西亚、塞舌尔和毛里求斯等国家。①

出于对印度洋加强防务侦察等因素的考虑，2007年7月，印度耗资250万美元，正式启动驻马达加斯加岛上的电子监听站，将印度海军的监控范围向南延伸近4000公里，将非洲东部海岸、莫桑比克海峡及中南部印度洋的大片海域纳入印度军方的监控视野。②2012年，印度以海外考察为名，将"达尔沙克"号调查船部署至靠近非洲国家莫桑比克和毛里求斯的印度洋海域。继2013年印度向塞舌尔首次交付多尼尔海上侦察机后，2014年11月印度派遣"迪帕克"号、"孟买"号等海军舰船到毛里求斯海域，以加强两国防务情报交流。除此，印度还与塞舌尔签署谅解备忘录，

---

① 林延明：《印度国防发展报告（2012—2013）》，载吕昭义主编《印度国情报告（2012—2013）》，社会科学文献出版社2014年版，第209页。
② 《印度想在非洲建立军事基地 欲全面控制印度洋》，http://mil.news.sohu.com/20070113/n247592878.shtml.

帮助塞舌尔人民防卫军建造阿桑普申岛上的军事基础设施。① 值得关注的是，2016年3月，印度首次将P-8I反潜机部署到塞舌尔，对该国的专属经济区进行巡视。

印度加强与环印度洋国家安保议程上的磋商。1997年，印度与南非等国家通过发起环印度洋联盟（IORA），并在该联盟下成立环印度洋学术组（IORAG）展开成员国间的学术合作和信息交流，加强在科学技术、风险管理与渔业等方面的合作。印度还在南非、埃及等国的支持下，组织主办"印度洋海军论坛"。② 为促进印度洋地区海事安全与跨部门合作，设立一个由环印度洋国家学者和官员参与且具开放、自由性质的独立对话机制。2014年9月，印度发起并主办首次印度洋对话会议。③ 探讨环印度洋地区所面临挑战，加强在灾害风险管理能力建设等方面的合作。2015年的印非《德里宣言》，则表示印非具有漫长海

---

① Hajira Amla,"Seychelles: Defense, Visas and the Blue Economy—No Stone Left Unturned As Modi Wraps Up Visit to Seychelles", March 11, 2015, http://allafrica.com/stories/201503111464.html.

② 《印度拒绝中国参加"印度洋论坛"》，《环球时报》2009年4月22日。

③ Sujata Mehta,"Secretary（ER&DPA）'s Address at the First Indian Ocean Dialogue Held under the Indian Ocean Rim Association", September 6, 2014, http://www.mea.gov.in/Speeches-Statements.htm? dtl/23983/Secretary + ERampDPAs + address + at + the + First + Indian + Ocean + Dialogue + held + under + the + Indian + Ocean + Rim + Association + IORA + at + Kochi.

岸线和大量岛屿，海洋对两国人民都很重要，强调海上安全是发展蓝色/海洋经济的先决条件，申明印度将支持非洲联盟2050非洲综合海运战略（AIM），表示加强印非在发展可持续渔业资源上紧密关系，在打击非法捕鱼、水文调查、减少灾害风险等方面展开合作。

印度积极拓展在印度洋区域的战略同盟与情报网络。印度人民党表示将在环印度洋地区组建一个"联盟网络"。① 莫迪总理催促塞舌尔成为印度、斯里兰卡、马尔代夫强化海上安全的全面合作伙伴，② 2015年3月，莫迪政府许诺支持塞舌尔在阿桑普申岛上建造军事基础设施，支持该国海军能力建设，向其移交一艘导弹快艇与第二架多尼尔海上侦察机，启动马埃岛的沿海雷达监视计划，拓展数个印度洋岛国间安装的地区监视系统。2016年7月，莫迪开启"印度洋外交"之旅，先后访问莫桑比克、南非、坦桑尼亚和肯尼亚，就加强海上安全合作等议题与这些国家展开磋商。印度同意出资5亿美元信贷，支持与毛里求斯在海上安全等领域展开无条件的合作。③ 2017年11月，

---

① [澳]大卫·布鲁斯特：《印度的印度洋战略思维：致力于获取战略领导地位》，吴娟娟译，《印度洋经济体研究》2016年第1期。

② [印度]拉迪普·帕卡拉提、王婷婷：《印度国内对中国在印度洋开展活动的争论及分析》，《亚非纵横》2016年第1期。

③ Indian Ministry of External Affairs, "India-Mauritius Sign Four Agreements", May 28, 2017, http://ddinews.gov.in/Home% 20 -% 20 Headlines/Pages/agreements.aspx, 2017-06-03.

印度首次主办印度洋地区海军参谋长会议，其间，印度首次承诺与马来西亚、毛里求斯等10个印度洋沿岸国分享实时海上情报。此外，2017年6—7月，印度海军最先进隐形护卫舰"塔卡什"号先后访问摩洛哥、尼日利亚、安哥拉与南非等国，展示军事实力，与这些国家海军开展联合军演，强调印度将致力于非洲地区的海上安全。

（2）积极参与涉非维和行动

印度是较早向非洲提供人道主义维和援助的国家，早在1960年，印度就参加了联合国在刚果执行的首次维和行动。[①] 21世纪以来，印度一改其在维和行动上的低调态度。其一，加大在非洲的维和力度。1999年，联合国就推出参与刚果民主共和国的维和行动，2003年，印度开始向此行动派遣军队，在2004年10月的联合国安理会第1565号决议后，印度将其在刚果的维和部队扩大到一个步兵旅，参与对该国武装部队的培训，支持其2006年的选举。[②] 2007年，由印度警界精英组成的联合国首支"女子维和部队"抵达西非的利比里亚，执行维和任务。其二，强调印度对维和行动的贡献。在2010年9月第65届联合国大会的演

---

① Richard L. Park, "Indian-African Relations", *Asian Survey*, Vol. 5, No. 7, 1965, p. 354.

② "India's Foreign and Security Policy: Expanding Roles and Influence in the Region and Beyond", *East Asian Strategic Review 2013*, p. 49.

讲中，印度时任外交部部长克里希纳（S. M. Krishna）表示联合国推动的维和与和平构建，是维持国际和平与安全的主要内容。强调印度几乎参与所有重大的联合国维和行动，贡献超过 10 万维和人员，并将致力于联合国框架下的维和任务。[1] 截至 2011 年 3 月 31 日，在所有参加联合国维和行动国家的排名中，印度维和人数位居第三位，达 8657 人，其中在非洲的印度各类维和人数为 7070 名，占印度参加海外维和总数的 81.67%。同年 5 月，印度表示将向非洲联盟驻索马里特派团（AMISOM）捐款 200 万美元。[2] 其三，积极支持非洲和平构建能力建设。2018 年，印度与美国军事人员为来自 19 个非洲国家的 41 名维和人员，提供为期两周的联合国维持和平行动培训。值得一提的是，2016 年、2017 年，印度与美国军事人员也曾为非洲提供类似的培训课程，不过，当时的参训人员仅来自非洲英语国家，以英语传授课程内容。而参与 2018 年培训的一半以上成员是来自非洲法语国家，以英语与法语两种语言传授后勤保障、人道主义等课程。[3]

---

[1] "India's Foreign and Security Policy: Expanding Roles and Influence in the Region and Beyond", *East Asian Strategic Review 2013*, p. 45.

[2] "India's African Safari", *Fieo News*, June 2011, p. 4.

[3] "India, US train UN peacekeepers from Africa", May 7, 2018, https://www.canadianparvasi.com/2018/05/07/india-us-train-un-peacekeepers-africa/.

(3) 加强与非洲国家在反恐与打击海盗方面的合作

2004年6月,印度海军被部署到莫桑比克的马普托,为在该地举行的世界经济论坛峰会与非洲加勒比太平洋国家首脑峰会提供海上安全,并为100多名莫桑比克海军人员提供培训。① 2007年,南非海军副司令姆蒂姆访问印度,就如何加强双方海军合作打击海盗、恐怖主义行为达成共识。2008年,印度联合南非和巴西,在印度洋举行大规模军事演习,加强三国在反恐、打击恐怖主义方面的军事合作。同年,印非签署《德里宣言》和《合作框架协议》,前者声明印非谴责所有形式的恐怖主义,表示将加强合作,推动联合国早日通过关于国际恐怖主义的全面公约;后者则强调印非将通过恐怖主义问题调查研究中心的经验与信息共享,提高国际反恐能力。2011年的印非论坛峰会上,印非认为需要加强非洲联盟防御和打击恐怖主义执行机制。除此,印度还与突尼斯、利比里亚、毛里求斯等国达成加强反恐合作的意向或协议。不仅如此,2014年11月,印度举行首次印阿合作论坛高级官员会议,会议发布联合宣言,谴责各种形式的恐怖主义。2015年的印非《战略合作框架》,一改前两次印非论坛峰会主要围绕核裁军这一主题的做法,首次将暴力极端主义与恐怖主义一道视为国家面临的主要威

---

① Indian Ministry of defence, *Annual Report Year 2005–2006*, p. 202.

胁。在2016年的不结盟运动第17届首脑会议上，印度呼吁不结盟运动成员建立反恐机制。

自2008年10月以来，印度一直在亚丁湾保持着至少一艘战舰的军事力量，并在战舰上留驻海上突击队（MARCOS），以便对索马里海盗进行有效打击。2010年7月，印度国防部部长安东尼访问塞舌尔，双方决定加强合作，以应对印度洋地区的海盗蔓延。应塞舌尔的要求，印度还同意延长对该国海上和经济专属区的监视行动，并帮助其部队的能力建设。2012年9月至2013年1月，印度还接替巴西成为索马里海盗问题联络小组（CGPCS）的轮值主席国，其部署在亚丁湾的战舰主要沿国际公认的交通走廊（IRTC）进行巡逻，至目前为止已经为269艘印度货船提供了安全护航。[①]

（4）拓展印非防务工业合作

自莫迪政府提出"印度制造"倡议以来，提高国内防务工业生产的议题日渐受到重视。印度海军参谋长马尔·多万表示海军本土化已被纳入"印度制造"计划。印度前国防部长杰特利宣称已确定25家私营企业为国防部队生产武器弹药业务。2017年，原商业和工业部长尼尔马拉·西塔拉曼出任国防部长，成为印

[①] 林延明：《印度国防发展报告（2012—2013）》，载吕昭义主编《印度国情报告（2012—2013）》，社会科学文献出版社2014年版，第174页。

度历史上继英迪拉·甘地之后第二位女国防部长。西塔拉曼一再强调作为"印度制造"倡议的一部分，本土国防生产也将得到优先考虑。值得关注的是，2014年，印度制定国防出口战略，相对于2011年国防生产政策，该战略为印度军备出口创造诸多便利。例如，除了使用印度敏感的关键技术，新政策不再要求涉足防务配件出口的公司获得进口国企业和政府的批文签署；新政策允许防务生产企业可最多将年产量的10%用于出口，而不再要求它们先充分满足印度自身防务力量的需求后，才能将产品用于出口。不仅如此，为协调和促进国防出口，印度还成立两个新机构——出口促进局（EPB）、国防出口指导委员会（DESC）。[1]

印度重视向非洲国家推广其军工产品，助推国内国防工业的可持续发展。其一，推动印非军工企业合作。在2015年的印非论坛峰会期间，莫迪总理向尼日利亚等国推销军工产品，表示印度将加强与非洲国家在防务工业领域的合作。2016年7月，莫迪在访问南非之际，呼吁印度与南非在防务和安全领域建立伙伴关系，两国企业联合发展或制造防务装备。[2] 其二，推介本国军工

---

[1] Aditi Malhotra, "India as an Arms Exporter: Changing Trends", *IFS Insights*, 2/2017, p. 4.

[2] "Press Statement by Prime Minister during His Visit to South Africa", July 8, 2016, http://www.mea.gov.in/Speeches-Statements.htm?dtl/26996/Press + Statement + by + Prime + Minister + during + his + visit + to + South + Africa.

设备。2015年,印度莫迪政府向毛里求斯交付了1350吨级的巡逻舰"梭鱼"号(MCGS Barracuda)。该巡逻舰是由印度向毛里求斯出口的第一艘千吨级战舰,耗资5850万美元。[①] 为拓展中东和非洲等地区海防市场,2019年2月,印度在阿布扎比防务展上展示其与俄罗斯联合生产的布拉莫斯反舰导弹。此外,印度注重借助支持非洲安全能力建设等时机,向非洲国家宣传本国军工产品。2019年3月,印度为毛里求斯、肯尼亚、埃及等17个非洲国家,主办为期10天的"印度非洲野战训练演习",其间,印度军方不仅向非洲国家展现其在人道主义和和平行动方面的经验,还联合印度工商会联合会共同举办军工装备展,印度陆军参谋长比平·拉瓦特(Bipin Rawat)认为这是印度展示其新兴国防工业的一次尝试。[②] 其三,为军工产品出口非洲提供信贷支持。2018年6月,莫迪宣布为塞舌尔提供1亿美元的信贷额度,以支持塞舌尔从印度购买国防设备,以建设其海上能力。除此,印度也给予毛里求斯1亿美元的信贷额度,毛里求斯将利用这些资金从印度购买海上巡逻艇等

---

① 《印度出口毛里求斯千吨级巡逻舰 加强地区存在感》,新华网,2015年3月11日,http://www.xinhuanet.com//mil/2015-03/11/c_127567268.htm。

② "Indian Defence Industry Keen to Support African Countries: Bipin Rawat", March 27, 2019, https://economictimes.indiatimes.com/news/defence/indian-defence-industry-keen-to-support-african-countries-bipin-rawat/articleshow/68600937.cms.

装备,以加强国防能力建设。[①]

3. 印度与非洲的经贸合作

21世纪以来,印度在经济外交的指导下,逐步将对非经贸合作纳入与非洲国家的合作议程,并不断根据形势的变化,完善对非经贸合作机制与机构设置,发挥印度在人文、科教、信息等领域的优势,重视在深化与东南非国家传统经贸联系的同时,积极拓展在西非等地区国家的经贸合作机制。

(1)拓展印度在非洲的经贸合作空间

正如印度前外长慕克吉所指出的,印度正在改变过去偏于双边接触的方针,最近几年印度采取积极措施,强化与非洲地区经济共同体的合作。

其一,加强与东南非国家等印度传统伙伴的经贸联系。2003年,印度与东南非共同市场(COMESA)签署长期经济与技术合作了解备忘录,并与南部非洲发展共同体在新德里举行首次部长级会议,制定基于能力建设、贸易、中小企业等领域合作的行动计划。2006年,印度不仅主办首次聚焦东非的商业伙伴关系会议,还参与首次印度南部非洲发展共同体论坛会议,就贸易、工

---

① "Ramnath Kovind: India Extends $100 Million Line of Credit to Mauritius", *The Economic Times*, January 6, 2018, https://economictimes.indiatimes.com/news/politics-and-nation/india-extends-100-million-line-of-credit-to-mauritius/articleshow/63294236.cms.

业等领域合作加以协商。2010年,印度进出口银行在亚的斯亚贝巴正式启动其驻东南非地区办事处,并发布题为《东南非共同市场:印度的贸易与投资潜力研究》的报告,认为印度应加大与东南非地区在农业发展、自然资源、基础设施等方面的合作,加强与该地区贸易与投资促进机构的联系,作为深化合作的辅助措施,在东南非地区设立商业枢纽,与东南非共同市场签署优惠贸易协议,参加多边资助项目等。

值得关注的是,印度政府还积极联系东南非国家,大力塑造以印度为主导的环印度洋经济圈。2015年8—9月,在塞舌尔等国的配合下,印度与毛里求斯分别举办"首届环印联盟蓝色经济对话会议"与"首届环印联盟蓝色经济部长级会议"。2015年的第三届印非论坛峰会期间,印度和与会非洲国家表示将在海洋资源管理、水文地理调查等方面展开更亲密合作。2017年5月23日,莫迪宣布印度与日本将开展"亚非增长走廊"(AAGC)计划,建议发挥各自优势,加强双方在非洲能力建设、基础设施、卫生、农业、制造和人员伙伴关系等领域的合作。为此,印度、日本计划在今后3年里分别提供10亿美元、30亿美元投资。[①]

其二,开拓印度在中西非等地区的市场机遇。印

---

① 林民旺:《印日关系进入"蜜月期"?》,《当代世界》2017年第10期。

度工商联合会建议成立非洲推进理事会,并在理事会之下建立5个次一级的理事会,分别关注非洲5个地区,推进印度工业品出口到非洲地区。[1] 2008年12月,在印度的倡导下,印阿伙伴关系论坛得以开启。2009年,印度工商联合会联合中部非洲国家开发银行,举办首届"印度—中非贸易论坛"会议,鼓励印度企业家在中非地区投资,扩大双边贸易联系。[2] 除此,印度向其在2004年启动的"技术经济指标非洲印度运动计划"(TEAM-9)提供5亿美元信贷,推动印度与乍得、科特迪瓦等8个西非国家的经贸合作与技术转让。2010年,印度工商联合会与西非国家经济共同体共同召开首次印度西非商业论坛;其中有127名印度代表参会,是迄今为止,前往非洲人数规模最大的印度代表团。[3]

(2) 加强印非经贸合作的交流与互动

印度愈发注重与非洲国家建立更多的非互惠性关系。印度承诺在2003—2008年对非贷款21.5亿美元的基础上,接下来5年,印度进出口银行再向非洲提

---

[1] Our Bureau, "Preferential Trade Pact May Boost Export to Africa", *Business Line*, Delhi, April 8, 2008, p. 10.

[2] 《印度将加强与中部非洲国家的贸易关系》,2009年4月11日,http://cf.mofcom.gov.cn/aarticle/jmxw/200904/20090406163398.html.

[3] West Africa: Ecowas, "Indian Business Group Sign MOU", *Daily Champion*, February 11, 2010.

供54亿美元的贷款,铁路建设、信息技术、通信和能源以及生物医药等领域将优先获得支持。[①] 2012年3月的第二次印非贸易部长会议上,印非宣布启动印非商业理事会(IABC),为增强相互间商业和经济联系出谋划策。2008年,印度发布《对最不发达国家的免关税优惠计划(DFTP)》,该计划覆盖所有50个最不发达国家和印度总关税系列的94%,包括约1.2万种商品,将在关税方面为92.5%的最不发达国家出口产品提供最惠国待遇,非洲34个最不发达国家的棉花、铝矿、铜矿、腰果、甘蔗,以及成品服装、去骨鱼片、非工业钻石等将从中受益。[②] 2014年8月,莫迪政府修改DFTP,使其覆盖约98%的关税细目。之后,印度表示向非洲提供技术援助,拓展DFTP,为所有非洲国家出口印度创造便利的环境。据此,印度推出"印度的非洲贸易与投资偏向项目"(SITA),推动投资导向经贸合作,帮助肯尼亚、卢旺达、乌干达等东非国家中小企业的发展,提高这些国家信息技术、棉花、纺织等领域产品与服务的竞争力,以便东非国家利用印

[①] Roy Laishley, "Emerging Economies Hold Promise for Africa", *Africa Review*, Vol. 50, No. 1, 2009, p. 16.

[②] Indian Ministry of External Affairs, "Opening Address by Dr. Manmohan Singh Prime Minister of India", At the Plenary Session-Ⅰ of India-Africa Forum Summit, New Delhi, April 8, 2008, http://meaindia.nic.in/.

度免关税优惠计划向印度出口适合市场需求的商品,纠正印度与东非国家进出口贸易的不平衡性。2015年,印度表示今后5年将向非洲提供100亿美元软贷款与5万名奖学金名额,申明将创建专门机制,使非洲国家妇女在产品生产销售方面获得信贷支持。

印度注重以频繁召开大型区域经济会议的形式,加强印度与非洲国家的商业联系。2006年,印度工业联合会(CLL)在新德里主办关于印非合作伙伴关系计划的地区经济会议,吸引非洲750多个代表团,达成总共达170亿美元的商业交易额,紧接着,CLL于2007年夏天在乌干达的坎帕拉、莫桑比克的马普托和科特里瓦的阿比让,召开一系列地区经济会议,有多达42个非洲国家公私企业的代表前来与印度相应的部门洽谈业务。2014年11月,毛利塔利亚等非洲国家参加在新德里召开的首次印阿合作论坛高级官员会议,呼吁加强双方在能源、经贸、人力资源发展等领域的合作。[①] 同年12月,印度主办第六次地区全面经济伙伴关系贸易协商委员会会议(RCEPTNC),以推动地区整合,创建当地商品供应链,使印度成为向西亚、非洲等地区商品出口的枢纽。为促进与非洲区域经贸交流的多样化,2015

---

① Indian Ministry of External Affairs, "The First Senior Officials Meeting of the India-Arab Cooperation Forum", November 7, 2014, http://www.mea.gov.in/press-releases.htm?dtl/24208/The + First + Senior + Officials + Meeting + of + the + IndiaArab + Cooperation + Forum.

年，印度外贸司在莫桑比克主办第四次以深化经贸合作为主题的"纳马斯卡非洲"（Namaskar Africa）会议，此前，印度已经在西非（尼日利亚）、东非（肯尼亚）和中非（刚果共和国）等举行过此类会议。

印度重视非洲大国在发展印非贸易中的支点作用。埃塞俄比亚为印度与东部非洲互动的起点，2011年，印度进出口银行驻东非办事处在亚的斯亚贝巴正式启动。[①] 为挖掘北非市场潜力，2015年3月，印度首次在突尼斯推出印度公司目录展（CSIC），目录中列出140多家不同领域的印度企业。为开拓西非经贸市场，2016年，印度工商业联合会（ASSOCHAM）启动驻尼日利亚代表处。2017年、2018年印度相继在尼日利亚拉各斯举行第一、第二次印度—非洲通信技术博览会。此外，南非塔塔非洲控股公司是印度塔塔集团在非洲业务的总部，监督其在赞比亚、津巴布韦、坦桑尼亚等地的业务。不仅如此，2016年，印度总理莫迪利用访非之际，宣布印度与南非将启动联合贸易委员会，印度工业联合会表示将在约翰内斯堡市设立地区办事处，组织针对非洲国别的经贸合作活动。[②]

[①] Indian Ministry of External Affairs, *Annual Report 2010 – 2011*, p.53.

[②] "India-South Africa Joint Statement During the Visit of Prime Minister to South Africa", July 8, 2016, http：//www.mea.gov.in/bilateral-documents.htm? dtl/27001/IndiaSouth + Africa + Joint + Statement + during + the + visit + of + Prime + Minister + to + South + Africa + July + 08 + 2016.

印度还积极为在非洲的海外印度人参与印非经贸合作创造便利。莫迪政府颁布条例,将"印度裔卡"(PIO)计划和"印度海外公民权"(OCI)计划相兼并,印度裔卡持有者因此获得同等的终身印度签证,而非此前的15年有效期。[①] 2015年1月8日印度主办第十三次海外印度人大会。与以往海外印度人大会不同,此次会议代表中约20%来自法语国家,并首次针对塞内加尔、科特迪瓦等法语国家举办经贸合作等特定主题的讨论。[②] 同年,印度民航部与肯尼亚、埃塞俄比亚、芬兰等国签署加强航空衔接的谅解备忘录。2016年,印度最大的国内承运商捷达航空与肯尼亚航空公司签署合作协议,为此,肯尼亚航空公司可与印度国内城市航班代码共享,以便为包括肯尼亚的印度侨民在内的旅客前往孟买和新德里等城市提供更多的航线选择。[③]

(3)深化印度与非洲的经贸合作领域

印度注重对印非经贸重点合作领域的扶持。2009

[①] Indian Ministry of External Affairs, "Official Spokesperson on the ongoing Pravasi Bharatiya Divas – 2015", January 8, 2015, http://www.mea.gov.in/media-briefings.htm?dtl/24661.

[②] Indian Ministry of External Affairs, "Official Spokesperson on the ongoing Pravasi Bharatiya Divas – 2015", January 9, 2015, http://pib.nic.in/newsite/PrintRelease.aspx?relid=114470.

[③] Margaret Wahito, "Kenya Airways Signs Route Agreement With India's Jet", November 16, 2016, http://allafrica.com/stories/201611160902.htm.

年，印度宣布将在非洲农业、可再生能源、科技、教育、信息产业等重要部门投资5亿美元。同年，印度政府批准印度国有煤炭公司在海外煤炭企业中拥有股份，印度外交部下属的能源安全室升级为能源安全司。[①] 印度发起对非洲棉花四国——布基纳法索、贝宁、乍得、马里的技术援助计划，增强四国能力建设，发展技术知识与提升竞争力。2010年，印度政府表示计划在今后10年内向非洲基础设施建设投资1.5万亿美元。[②] 之后，印非启动联合行动计划，表示将集中以发展为核心的印非伙伴关系，推动农业、商业、能源、减贫、和平与安全等多个领域的双边合作。[③] 印度塔塔通信将其对南非第二大国家电信运营商NEOTEL的有效控股从49%增加到61.5%，从而使其成为塔塔通信的子公司。[④] 此外，印度地毯出口推进理事会为参加2015年第29届印度地毯出口展的南非等国家的买家提供价值800美元的航空、

[①] Indian Ministry of External Affairs, *Annual Report 2010 - 2011*, p. 137.

[②] George Okojie, "Africa: India Plans $1.5 Trillion Investment in Continent", January 15, 2010, http://allafrica.com/stories/201001150420.html.

[③] "Africa Unveil Action Plan to Boost Ties", *Africa Review*, Vol. 50, No. 1, 2010, p. 8.

[④] "Tata Comm Raises Stake in South Africa's Neotel", Mon Jun 13 2011, http://www.indianexpress.com/news/tata-comm-raises-stake-in-south-africas-neotel/803134.

旅社等服务。①

印度看重与非洲在蓝色经济、农业、卫生、防务工业等领域的合作潜力。2015年的第三次印非峰会上，印度总理莫迪提出加强与非洲国家在蓝色经济领域的合作，峰会发表《德里宣言》《印非战略合作框架》，前者表示加强印非在发展可持续渔业资源上紧密关系，在打击非法捕鱼、水文调查、减少灾害风险等方面展开合作，后者则表示印度将加大对非农业技术转让，加强印非在有机农业、水资源有效管理等方面的合作。2016年，印度内阁批准今后5年里，每年从莫桑比克进口20万吨豆类。② 印度希望与莫桑比克以合作社方式开展农业合作，并逐步将这一模式拓展到坦桑尼亚、肯尼亚等其他非洲国家。不仅如此，2014年，印度主办非洲—亚洲农业经济论坛会议，强调将发挥印度农业发展经验，增强对非农业投资，在非洲喀麦隆和加纳等国建立5个粮食加工企业孵化中心。南非、科特迪瓦等非洲国家应邀参加2014年11月印度工业联合会主办的农业技术大会，探索农业经济合

---

① Press Information Bureau Government of India, *Ministry of Textiles*, "29th India Carpet Expo Starts Tomorrow", March 26, 2015, http://pib. nic. in/newsite/PrintRelease. aspx? relid = 117750.

② Ashok Sharma, "India to Reinvigorate Ties With African Nations", July 6, 2016, http://www.worldpoliticsreview. com/articles/19279/india-to-reinvigorate-ties-with-african-nations.

作机遇。除此，印度政府表示将在尼日利亚城镇乡村建立更多医院，扩大印度医疗在西非地区的影响力。①印度制药出口委员会在尼日利亚举办首次海外展览会，探索印度药品在非洲国家的巨大商机。印度还向尼日利亚等国推销军工产品，表示将加强与非洲国家在防务工业领域的合作。②

（4）印度金融机构支持企业在非洲投资

印度进出口银行向印度进出口商提供出口信贷、海外投资与融资服务，向在非洲参与非洲发展银行和世界银行所资助项目的印度公司，提供信息和金融支持。印度国家银行已在南非、埃及、尼日利亚、毛里求斯等国设立分行、办事处或组建合资银行。印度进出口银行在南非约翰内斯堡、塞内加尔首都达喀尔设有第一、第二办事处；印度巴鲁达银行在南非德班、加纳阿克拉等城市开展业务。印度还与埃塞俄比亚等国签有《双边投资促进与保障协定》（2007年），为减少企业负担，印度已与苏丹、毛里求斯等国签署《避免双重征税协议》。2008年国际金融危机以来，印度

---

① "Nigeria: India to Establish Hospitals Across Nigeria", *This Day*, June 24, 2014, http://allafrica.com/stories/201406240523.html.

② African leaders, "Modi Discuss UNSC Reforms, Counter-terror Cooperation", October 29, 2015, http://www.thestatesman.com/mobi/news/iafs/african-leaders-modi-discuss-unsc-reforms-counter-terror-cooperation/99951.html.

将海外投资限额从 50 亿美元提高到 70 亿美元,允许企业在每个财政年度将其收益的 100% 用于对外国公司的收购,或用于对企业海外合资或独资公司进行直接投资等。① 2009 年,印度进出口银行还与非洲发展银行签署谅解备忘录,以加强在信息交流、公布商业和投资机遇等方面的合作。②

此外,为推动印度企业投资非洲能源部门,加大对海外能源资产的投资,印度仿效中国成立数十亿美元的国家主权财富基金,同尼日利亚政府达成基础设施建设换取 60 亿美元石油的交易。③ 2007 年、2009 年,印度石油和天然气部与印度工商联合会等共同主办第一、第二次印度非洲石油会议。④ 2015 年,印度与非洲发展银行签署通过印度信托基金向非洲提供 950 万美元的资助协议,根据此协议,截至 2017 年,印度已出资约 400 万美元,为东非共同体铁路改善计划(41.8 万美元)、塞舌尔基础设施研究(15.25 万美元)、提高非洲公路安全能力(33.6158 万美元)等 11 项活动提供支持。

---

① 周杰:《全球金融危机对印度外向直接投资的影响》,《南亚研究季刊》2010 年第 1 期。

② 参见印度进出口银行数据,http://www.eximbankindia.com/press101109.asp。

③ High Commission of India, "Abuja, NigeraiI-Fact Sheet & Bilateral Cooperation", http://www.indianhcabuja.com/Nigeria-Fact-Sheet.htm.

④ Ruchita Beri, "Evolving Indi-Africa Relations: Continuity and Change", *SAIIA Occassional Paper*, No. 76, pp. 8–9.

为支持非洲以公私伙伴关系推动基础设施发展。2015年,印度进出口银行、印度国家银行、基础设施租赁金融服务有限公司联合非洲发展银行,组建库库扎(Kukuza)项目开发公司(KPDC)。①

(5)向非洲提供经济发展援助

根据2003年印度政府制定的"印度发展倡议",印度减免了包括加纳、莫桑比克、乌干达等高债务国家所欠的约3700万美元债务。② 2004年,巴西、印度和南非决定共同出资建立"减少贫困和饥饿基金"(Facility for Hunger and Poverty Alleviation)。2006年,三国承诺每年至少向该基金捐款100万美元,鼓励发展中国家,特别是最不发达国家向该项目提出申请。目前,该基金已经向几内亚、几内亚比绍、佛得角、布隆迪等国家提供农业、安全饮水等方面的援助。此外,2005年印度成为非洲能力建设基金会(ACBF)成员,承诺为该基金会的可持续发展和减贫能力建设计划提供100万美元资金。截至2011年5月25日,印度进出口银行批准对外140项信贷,其中非洲国家有95项,占67.86%,对非洲国家的信贷总额达35.7

---

① The African Development Bank Group, "Africa and India: A Shared Development Agenda", https://cc.xilesou.287865.com/search? q = Africa + and + India + A + shared + development + agenda.

② 沈德昌:《试析冷战后印度对非洲的外交政策》,《南亚研究季刊》2008年第3期。

亿美元,占该行对外信贷额67.64亿美元的52.78%。信贷对象国覆盖非洲35个国家,以及东南非贸易与发展银行(8000万美元)、西非开发银行(1000万美元)、西非国家经济共同体投资与发展银行(3.5亿美元)、非洲进出口银行(3000万美元)等。同年5月的第二次印非论坛峰会上,印度总理辛格承诺向非洲国家提供3年期的50亿美元信贷额度,帮助非洲国家达成发展目标。①

自2014年莫迪继任总理以来,印度对非信贷的支持力度有所强化。2015年的第三次印非论坛峰会期间,印度表示今后5年将向非洲提供100亿美元软贷款,申明将创建专门机制,使妇女在产品生产销售方面获得信贷支持。② 为响应莫迪推动的国际太阳能联盟(ISA)倡议,印度决定将给予非洲100亿美元信贷中的15%—20%,用于支持13个非洲国家实施23个太阳能项目。③ 2015年印度授权国际贸易中心(ITC)利用印度提供的10万美元金额,用以资助撒哈拉以南等地区的国家增强中小企业竞争力。2018年,莫迪表示

---

① "India's African Safari", *Fieo News*, June 2011, p. 4.
② Shubhajit Roy, "Engaging Africa: India's 54 + 1 Initiative", *Times of India*, October 30, 2015.
③ Abhishek Mishra, "The Changing Nature of India's Lines Of Credit to Africa", https://www.orfonline.org/expert-speak/changing-nature-india-lines-of-credit-africa/.

将向乌干达提供2.05亿美元的贷款,以资助其电网和商业农业发展。① 此外,截至2018年7月,印度已向"泛非电子网络计划"投资1亿美元,以帮助非洲弥补数字鸿沟。不仅如此,印度政府还出资10亿多美元,支持"印度技术和经济合作计划"(ITEC)框架下的非洲技术能力建设。②

4. 印度与非洲文化交流

印度利用学术、媒体和艺术交流的同时,借助自身在文化、技术和教育方面的优势,推动对非洲国家的援助与发展计划,加强与非洲海外印度人的联系。同时,抓住机遇,展示印度的文化特质,利用各种媒介,强化印非人文交流。

(1) 支持非洲能力建设

印度技术和经济合作计划(ITEC),以及在该计划下引申出的英联邦非洲特别援助计划(SCAAP),为印度实施对外援助的主要依据,两者实施的方式、内容相似,都是受援国通过采纳印度所给予的名额的

---

① Alfredo Boyd, "PICS: In Uganda, Modi Says Africa is a Top Priority for India", August 31, 2018, https://augustareview.com/news24 – compics-in-uganda-modi-says-africa-is-a-top-priority-for-india/.

② Harsh V. Pant, "Modi's African Outreach Picks Up in Rwanda, Uganda, and South Africa", July 24, 2018, https://thediplomat.com/2018/07/modis-african-outreach-picks-up-in-rwanda-uganda-and-south-africa/.

方式，接受印度援助。其与文化外交相关的内容主要包括：①文职与军事项目培训。文职培训项目由印度政府全权负责，每年由印度外交部授权的机构进行短期、中期和长期培训，受训课程涉及政府、信息技术、管理等七大类。受援国人员还可进入印度国防学院等著名军事院校，接受海陆空方面的军事培训项目。②从事项目活动。按照 ITEC 伙伴国的需求，对相关项目进行可行性研究，并提供咨询服务。③派遣专家。向有需求的友好国家派遣专家，援助其发展活动。④考察学习。组织伙伴国的代表在印度进行为期两至三个星期的观光考察等。为加大对非援助力度，2008 年印度借首届印度非洲论坛峰会之际，宣布将给予非洲国家的 ITEC 援助名额从每年的 1100 名增至 1600 名。

在印度外交部协助下，印度文化关系委员会根据一般文化奖学金、英联邦奖学金/研究生奖学金计划、非洲日奖学金计划等 21 项奖学金计划，每年提供约 2325 个奖学金项目，其中的 675 个与 500 个奖学金分别专门授予阿富汗与非洲。[1] 帮助它们在印度多个大学学习大学/研究生课程，或进行研究工作。除此，印度还有支持毛里求斯等国国民的海外传播印地语奖学金

---

[1] Indian Council for Cultural Relations, "The Many Scholarship Schemes of ICCR", http://www.iccrindia.net/scholarshipschemes.html.

计划。支持非洲农业发展的姆瓦利姆·尼雷尔非洲联盟奖学金计划；援助非洲研究者，加强印度与非洲科学与技术联合研究，且以印度诺贝尔物理学奖获得者C. V. 拉曼命名的 C. V. 拉曼国际奖学金计划。印度大学每年招收 1.5 万多名非洲留学生。[①]

印非论坛峰会成为印度加强对非能力建设的重要平台。2008 年的首次印非论坛峰会期间，印度外交部联合非洲联盟发起印非科技合作倡议。经印度工业联合会的推动，2011 年第二次印非论坛峰会上，印非推出印非技术伙伴关系方案，印度宣称要在非洲成立印非食品加工中心、印非综合纺织品集群、印非中期天气预报中心、印非生命与地球科学大学及印非农业和农村发展研究所等机构。不仅如此，时任印度总理辛格宣布在今后 3 年里向非洲提供 2.2 万个奖学金，并在非洲建立超过 80 个能力建设机构。2012 年，印度举办首次印非科学与技术部长级会议，与会方就未来科技能力建设、科技和创新开发、知识转让和吸收等方面的合作达成共识。2015 年第三次印非论坛峰会期间，印度表示今后 5 年将向非洲提供 5 万名奖学金名额，并通过公私合作模式，鼓励印度商界在非洲工业区建立技术发展机构，培训非洲技术人员，培养非洲

---

① 石俊杰：《浅论印度的软实力》，《南亚研究季刊》2008 年第 4 期。

食品安全和太阳能灯方面的专家。①

印度还重视援助非洲教育事业。根据2009年印度与非洲联盟共同启动的泛非电子网络工程（Pan-African e-network project），印度将向近1万名非洲学生提供为期5年的高等教育，通过卫星、光缆网络等技术手段，将非洲53个学习中心、53个偏远医院、5所地区大学和5家地区医院与7所印度主要大学、12家超级专业医院相连接。据悉印度为该项目耗资10亿美元。② 这是印度迄今最大的对外单个发展援助项目。英迪拉·甘地国立开放大学（IGNOU）已经与加纳、肯尼亚、埃塞俄比亚等非洲国家建立伙伴关系，2011年，该大学还宣布为非洲建立一所虚拟大学，为其制订学术计划，促进远程教育的合作，以及就印度与非洲国家间的教育机制加强协商。③ 为在非洲推介印度高等教育，印度教育部大学拨款委员会（UGC）联合印度相关大学，已在亚的斯亚贝巴、达累斯萨拉姆等地举办印度教育展。除此，为强化印度在全球研究生管理教育中心的地位，2017年，印度研究生管理招生委员会（GMAC）等与艾哈迈达巴德印度管理学院等印度9所顶尖商学院共同发起"在印度学习倡

---

① Shubhajit Roy, "Engaging Africa: India's 54 + 1 Initiative", *Times of India*, October 30, 2015.

② The African Development Bank Group, "India's Economic Engagement with Africa", *Africa Economic Brief*, Vol. 2, Issue 6, 2011, p. 6.

③ "Indo-African Virtual University", *The Pioneer*, June 1, 2011.

议",为来自非洲、中东等地区 27 个国家的学生在印度接受管理教育提供机遇。①

(2) 传播印度传统文化

自 20 世纪 70 年代起,印度政府开始在全球设立文化中心。② 印度文化中心是拓展印度文化外交的重要平台,其主要活动不但包括舞蹈表演、戏剧、音乐、作文竞赛、讲座、图片展览等,还有瑜伽、印度音乐和印地语等课程。在印度文化关系委员会的支持下,印度文化中心往往通过派遣舞蹈队、举办印度文化周、印度影视周、印地语大会与建造宗教寺院等不同的形式,加强与非洲各国人民的互动与交流。值得一提的是,2010 年,时任印度总理曼莫汉·辛格启动"海外印度人促进中心",加强与非洲等地海外印度人的经济文化联系。截至 2018 年年底,印度已在埃及(开罗)、南非(德班、约翰内斯堡)、毛里求斯(路易港)、坦桑尼亚(达累斯萨拉姆)等国设立印度文化中心,在尼日利亚(拉各斯)的印度文化中心也在筹划当中。此外,印度文化关系委员会还在坦桑尼亚和尼日利亚等国设立办事处。③

---

① "GMAC Launches the Study in India Initiative in Partnership with 9 Leading Indian Business Schools", September 26, 2017, http://www.digitaljournal.com/pr/3499600.

② 郭瑞军:《印度独特魅力的外交形式——文化外交》,《湖南民族职业学院学报》2012 年第 3 期。

③ "India for Greater Cultural Connect with Africa", Africa Quarterly, Vol. 50, No. 2, 2010, p. 15.

2015年6月21日，印度联合在非海外印度人，在尼日利亚、南非等国家举办"国际瑜伽日"活动。同年的印非论坛峰会上，莫迪政府强调非洲270万海外印度裔人为非洲发展做出贡献，是印非合作的桥梁。

印度将其独特传统手工艺等文化产业作为传播其传统文化的重要载体。2011年，印度在阿尔及尔举办印度食品和香料节。第二届印度非洲论坛峰会期间，印度在峰会举办地——埃塞俄比亚首都亚的斯亚贝巴举办"印度秀"大型工贸产品及传统文化展示活动，"印度秀"为期三天，由印度政府主办，邀请近百家印度工贸企业参展。同时，展会还邀请众多从事印度民族服饰、首饰制作、纺织、绘画等行业的传统手工艺者进行现场创作展示。

（3）支持印非双方对各自的研究

印度文化关系委员会鼓励非洲大学从事对印度的研究。印度在北非埃及设立印度研究客座教授席位，在毛里求斯设有长期的梵文和印度哲学客座教授席位。2008年，南非金山大学启动非洲印度研究中心，是非洲首个"聚焦印度"的研究中心。同年南非夸祖鲁－纳塔尔大学还启动长期的甘地卢图利和平研究教授职位。除了南非设有短期的印度研究客座教授席位外，2011年，印度表示计划在南非增设6个印度研究客座教授席位。印度文化关系委员会定期安排一位南非学者担任印度尼赫鲁大学的纳尔逊·曼德拉客座教授席位。此外,印度学者还可以利用新学者访问计划奖学金,研究非洲及其文化。①

(4) 开展名人为媒介的纪念活动

印度借其国家历史名人作为其对非文化外交的名片。在2000年时任印度总理瓦杰帕伊访问毛里求斯期间,印度正式在该国启动以已故总理英迪拉·甘地命名的英迪拉·甘地印度文化中心。之后,印度还在该中心安置英迪拉·甘地半身像。印度在埃塞俄比亚援建甘地纪念医院,② 从2003年开始,每年的1月9日被印度定为"海外印度人日"。因为这一天是印度的国父圣雄甘地从南非回到故土印度领导独立运动的日子。为利用甘地"非暴力"主义在南非等国家的影响力,2007年,印度邀请非洲多个国家参加在新德里召开的纪念非暴力抵抗及不合作主义100周年的国际会议。2016年,莫迪追寻甘地在南非抵制种族歧视的足迹,承诺提供100万美元,资助肯尼亚内罗毕大学甘地研究生图书馆的修缮。2017年,印度国家银行提供农业设备,重修甘地在南非建立的托尔斯泰农场,印度外交国务部长辛格在南非德班市参加反映甘地生活

---

① "India for Greater Cultural Connect with Africa", *Africa Quarterly*, Vol. 50, No. 2, 2010, p. 15.

② 石俊杰:《浅论印度的软实力》,《南亚研究季刊》2008年第4期。

与国际影响的博物馆落成典礼。

为纪念首批印度人抵达南非150周年，2010年10月1—2日，印度与南非政府在海外印度人最大的聚居地德班共同举办了主题为"印度与非洲：建立桥梁"的海外印度人大会。① 大会期间，为纪念印度诺贝尔奖获得者泰戈尔诞辰150周年，印度艺术团还表演了泰戈尔的短篇故事《饥饿的石头》。② 此外，肯尼亚诺贝尔和平奖得主环保主义者旺加里·马塔伊教授，在2007年被印度授予贾瓦哈拉尔·尼赫鲁国际理解奖。③

（5）加强印度非洲媒体间的互动与交流

2008年的首届印非论坛峰会前夕，印度外交部公共外交司与印亚新闻社联合举办主题为"建立桥梁—联系文化"的首次印非编辑会议（India-Africa Editors Conference），共有来自尼日利亚、加纳和南非的15名非洲编辑参会。为减少信息的隔阂，印度外交部启动了一个名为印非链接（India-Africa Connect）的开拓性网站，为非洲人士提供一站式印度新闻与观点的服务。根据记者交流计划，以及作为印度公共外交的一部分，

---

① Mini Pravasi Bhartiya Divas in Durban in October, *Press Trust Of India*, New Delhi, September 17, 2010.

② Lakshmi Krishnakumar, "Do Business with India, Indians in Africa Told", http：//indiaafricaconnect.in/index.php? param = news/1475/india-in-africa/117.

③ Frederick Kebadiretse, "Botswana: India Aids Constituency League", *Mmegi*, 11 January 2010.

印度外交部还曾邀请来自 10 个非洲国家的 19 位记者前往印度，进行为期一周的访问。

（二）印非各领域合作取得的成效

经过印度政府对非政策的大力调整，印度不但在一定程度上提升其在非洲国家的影响力，增强了其在国际机制中的发言权，而且推动印度对非经贸合作的进程，促使更多印度企业踏入非洲市场，以加速全球经营的步伐。非洲能源在印度能源中的重要性日趋显现；而与此相伴随的是，印度文化亦逐渐渗透到非洲各个地区。

1. 扩大印度的影响力

从印度与非洲国家开展政治合作政策的成效看，自 21 世纪以来，印度强化对非合作政策，在很大程度上提高其在非洲国家外交与防务中的地位，有利于提高印度在非洲议题上的发言权，并在改革联合国等全球治理机制方面获得非洲国家的支持。

（1）非洲日益重视与印度的外交与防务互动

2006 年 11 月，非洲联盟委员会主席阿尔法·科纳雷访问印度，这是非盟主席首次出访印度。继 2009 年东非国家布隆迪在新德里正式设立使馆后，次年，西非国家贝宁、多哥、马里与刚果（布）亦开设驻印度使馆。单在2010年6月，就有塞舌尔总统米歇尔、南非总统雅各布·祖马与博茨瓦纳副总统蒙帕蒂·梅拉费等三国元首访问印度；2011年，非盟表示将尽早在印度首都新德里设立办事处，以加强印非伙伴关系。

此外，2005年，莫桑比克与印度签署双边合作协议，据此，两国海军将在莫桑比克广阔的沿海附近水域进行联合巡逻，展开训练和军事技术转让，共同打击海盗等非法活动。大多数塞舌尔警察和军队的高级官员都参加过在印度国防院校的课程培训。2008年，在索马里过渡政府的许可下，印度开始在亚丁湾与非洲水域实施军事护航。同年，32个环印度洋国家响应印度的倡导，联合印度共同发起印度洋海军论坛，协商反对海盗威胁，支持印度在创建海军标准行动程序方面发挥引领作用。第二届印度非洲论坛峰会上，印非签署《亚的斯亚贝巴宣言》，表示非洲支持印度维护亚丁湾、阿拉伯海、印度洋安全，以及参与打击海盗的努力。

（2）提高印度在涉非议题上的发言权

印非关系的发展有助于提升印度在非洲国际关系中的影响力。毛里求斯、塞舌尔等国已参加印度倡导的"蓝色经济"战略，南非表示支持印度2017—2019年担任环印度洋地区合作联盟轮值主席国。2017年7月，莫迪访问以色列之际，表示其已与以色列讨论在第三方国家合作的议题,强调双方将在已有的对非合作基础上,深化两国涉非合作,助推非洲未来发展。① 同年10月,印度与欧盟声明海洋安全、稳定、互通在发展蓝色经济中的重要性,双方强调将在印度洋等区域加强海上安全合作。② 之后,意大利总理保罗·真蒂洛尼承诺与印度协调对非合作倡议,支持非洲和平与发展,表示意大利期待印度成为将来欧盟—非洲联盟峰会的观察员国,③ 值得关注的是,在2017年的G20峰会上,莫迪强调印非间多层面的发展伙伴关系,强调印度一直帮助非洲能力建设,支持非洲基础设施建设。④

(3) 提升印度的大国形象

印度对非洲和平与发展的贡献获得国际社会的赞赏。2008年印非论坛峰会发布的《德里宣言》,声明

---

① "In Israel, Modi Announces Direct Flights to India", *The Tower*, July 5, 2017, http://www.thetower.org/5167 - in-israel-modi-announces-direct-tel-aviv-mumbai-flights/.

② "Somalia: India and EU to Enhance Maritime Security Off Somalia Coast", *Shebella Media Network*, October 7, 2017, http://allafrica.com/stories/201710090182.html.

③ Indian Ministry of External Affairs, "Narendra Modi, Paolo Gentiloni Emphasise Importance of Regular Meetings", October, 31, 2017, http://www.firstpost.com/india/india-italy-joint-statement-full-text-narendra-modi-paolo-gentiloni-emphasise-importance-of-regular-high-level-meetings-4184105.html.

④ Luciane Noronha M. de Oliveira, "Reshaping India's Blue Economy Imperative-Analysis", May 6, 2017, http://www.eurasiareview.com/05062017 - reshaping-indias-blue-economy-imperative-analysis/.

未来印非将就联合国安理会改革议程进一步加强协商。利比里亚感谢 2007 年印度向其派遣的首支女性警察维和部队,表示支持印度在联合国安理会中发挥更大的作用,利比里亚总统埃伦·约翰逊·瑟利夫将印度建制警察部队视为家人,联合国前秘书长潘基文赞扬印度警察部队,认为其"表现坚定、具有良好专业水准,组织纪律性强,是联合国部署女性军警人员,打击性剥削和性虐待的典范。受印度女性警察部队的影响,利比里亚女性在国家安全部门的比例从 2007 年的 6%升至 2016 年的 17%。①

值得一提的是,2010 年,印度被选为 2011—2012 年度联合国安理会非常任理事国,在 192 个国家的投票中,印度得到 187 个国家的支持,该年因此被称为是印度"非洲年"。马里、赞比亚、贝宁、纳米比亚等国都已明确表示支持印度未来成为安理会常任理事国。截至 2016 年 6 月 30 日,在 123 个参加联合国维和国家的排名中,印度维和人数位居第二位,达 7700人,其中在非洲的印度各类维和人数为 6100 名,占印度参加海外维和人数的 79.2%。参与在非洲刚果民主共和国(3669 名)、南苏丹(2342 名)、科特迪瓦(8

---

① "Liberia: Hailed As 'Role Models', All-Female Indian Police Unit Departs UN Mission in Liberia", February 12, 2016, http://allafrica.com/stories/201602150583.html.

名）等国家的维和行动。① 对此，联合国前副秘书长路易斯·弗雷谢特认为印度等国在非洲许多危险和困难的任务中，起到非常关键的作用，指出维和人员所展示的忠诚态度，是联合国十分需要的。联合国前秘书长潘基文高度赞扬印度维和人员为保护平民、协助人道主义救援和促进和平所做的努力。②

不仅如此，在非洲国家的支持下，印度积极参加联合国的反恐工作。自 2011 年 1 月起，印度开始担任安理会反恐委员会（CTC）的主席国，同年 11 月 20 日，印度主持该委员会一个聚焦于阻止恐怖组织获得资金支持的特别会议，推动其通过一项关于联合国会员国对恐怖主义行动和恐怖主义"零容忍"的文件。这是印度在担任主席国之后组织的第三次反恐委员会特别会议。③ 此外，2017 年 5 月，科特迪瓦、索马里和加纳签署印度发起的国际太阳能联盟协议，使得该协议的签署国数目达到 31 个。④ 到 2018 年 7 月，印度总理莫迪指出，国

---

① 资料来源：按联合国维和部统计的资料整理，http：//www. un. org/en/peacekeeping/resources/statistics/。

② 《联合国每日新闻》2010 年 8 月 18 日，第 3 页。

③ 张晓东：《印度对外关系发展报告（2012—2013）》，载吕昭义主编《印度国情报告（2012—2013）》，社会科学文献出版社 2014 年版，第 158 页。

④ Bytesapp, "India to Invest ＄2 bn for Solar Projects in Africa", May 23, 2017, https：//energyinfrapost. com/india-invest－2－bn-solar-projects-africa/.

际太阳能联盟一半的成员国来自非洲。①

2. 推动印度对非经贸合作的深入

贸易、投资与援助是印度与非洲经贸合作的主要内容。2004 年以来，印非经贸合作取得显著成效，成为印度扩大与发展中国家经贸合作的重要体现。受国内改革与经济快速发展等因素的影响，印度对非援助幅度总体上呈上升态势，非洲在印度对外投资中的比重有所增长，能源、化工、电信等日益成为印度对非投资的重点领域。与此同时，印度发展模式与对印经贸合作潜力，日渐引起非洲国家的重视。

（1）对非贸易快速发展

冷战期间，囿于国际两极格局与内向型经济政策，印度与非洲的贸易额很低。21 世纪以来，印度对非贸易总体呈上升趋势。2000—2015 年，印非贸易"两起两落"，"两起"发生在 2004 年、2009 年，"两落"则是在 2006 年、2011 年；2015 年，印非贸易呈现 28.6% 的负增长率。从整体看，2000—2014 年，印非贸易对印度贸易的重要性愈加明显。印度对非贸易从 2000 年的 77.7 亿美元增至 2014 年的 756.95 亿美元，2006 年，印非贸易的增幅高达 79.7%。印非贸

---

① https://www.cnbcafrica.com/videos/2018/07/24/rwanda-india-sign-7-bilateral-pacts/.

易在印度对外贸易中的比重从 2000 年的 8.15% 增至 2014 年的 16.5%，不过，需要指出的是，2014 年以来，印非贸易趋缓的态势明显。联合国贸发会议数据显示，2014—2016 年，印非贸易总量连续 3 年下滑，从 756.85 亿美元下滑至 490.15 亿美元，降幅达 54.1%，虽然 2017 年、2018 年，印非贸易升至 598.97 亿美元、699.88 亿美元，但仍不及 2014 年的水平。从整体趋势看，印非贸易增长的拉动力主要源于印度从非洲进口的快速增长，自 2004—2018 年，印度只有在 2004 年、2005 年的对非贸易中处于顺差地位，其余年份都处于逆差地位，其中 2018 年，逆差 159.72 亿美元，为此期间逆差最大的年份，其次是 2012 年，逆差达 135 亿美元。

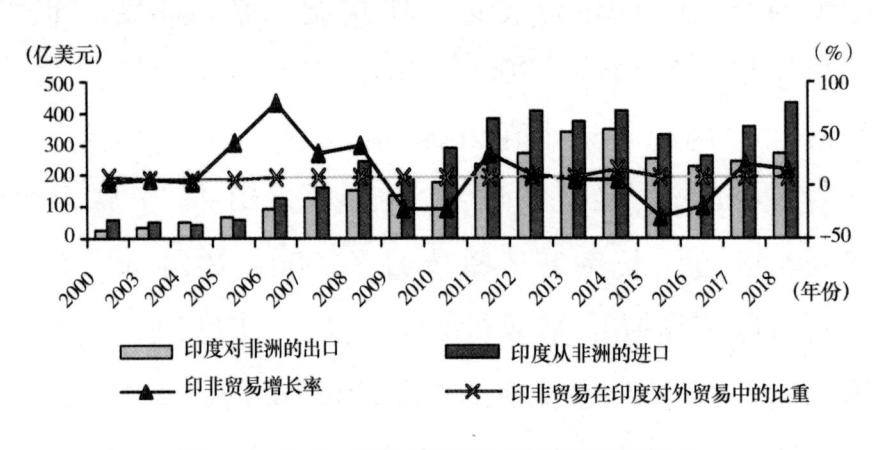

图 2-1　2000—2018 年印度与非洲贸易规模变化

资料来源：UN Comtrade Database, August 20, 2019。

(2) 在非贸易伙伴国有所拓展

根据联合国贸发会议的统计，自2014年莫迪继任印度总理以来，印度对非贸易伙伴国与贸易结构的分布有所均衡。从贸易对象看，2014—2018年，最不发达非洲国家对印度的出口额从75.79亿美元增至83.44亿美元，其在非洲对印度出口贸易中的比重由18.88%增加到19.4%。此外，印度与非洲传统贸易伙伴尼日利亚、南非、安哥拉、埃及的贸易发展则相对有所放缓，2014年，印度与这四国的贸易占印非贸易的58.8%，2018年则降至50.7%。就贸易领域而言，2014—2018年，能源在印度从非洲进口商品中的比重从77.4%降到63%。药品、机械和运输设备与能源制品是印度出口到非洲的主要商品，不过，这三种商品在印度对非洲出口贸易中的比重亦从78.5%降至61.54%。

表2-1　　　　　　　印度与非洲贸易结构

年份	2000年	2014年	2018年
印度在非洲的主要出口贸易对象	尼日利亚（16.2%）、埃及（14.2%）、南非（14.07%）、毛里求斯（9%）	尼日利亚（8.3%）、南非（16.5%）、埃及（9%）、安哥拉（1.76%）	南非（14.87%）、肯尼亚（7.86%）、埃及（10.35%）、尼日利亚（10.16%）、安哥拉（0.99%）
印度出口非洲的主要商品	棉织品（12.2%）、纺织纱线（8.45%）、药品（8.3%）、摩托车和自行车（4%）	能源（33%）、机械和运输设备（19.8%）、药品（13.9%）食品（11.7%）	药品（21.36%）、机械和运输设备（23.5%）、食品（12.59%）、能源（16.68%）

续表

年份	2000年	2014年	2018年
印度在非洲的主要进口贸易对象	南非（19.35%）、尼日利亚（53.2%）埃及（3.9%）	尼日利亚（47.9%）、安哥拉（13.06%）、南非（12.56%）、埃及（4.9%）	尼日利亚（31%）、南非（14.6%）、安哥拉（10.56%）、埃及（3.5%）
印度从非洲进口的主要商品	石油（55.15%）、无机化学元素（11.9%）、金（非货币）（8.8%）	能源（77.4%）、珠宝、宝石和非货币金（10.4%）	能源（63%）、珍珠、宝石和非货币金（17.4%）

资料来源：UN Comtrade Database，August 20，2019。

（3）对非援助与信贷有所增加

印度对外援助主要有两个特点：一是援助的重点国家为印度在亚洲的邻国；二是援助属于非计划性预算，每年的援助额都有一定的变化。2000年，印度对非洲的援助仅为5亿卢比，不足印度对马尔代夫（8亿卢比）的援助，仅为印度最大的援助国不丹的0.9%。就援助总额而言，2004—2013年印度国大党执政的10年里，印度给予非洲1219.32亿卢比的援助与信贷支持，其中，2004年印度为非洲提供106.84亿卢比，占印度对外援助的8.05%，是此期间印度对非援助与信贷所占比重最高的年份。相比2014—2017年，莫迪领导的印度人民党政府根据相关对非技术合作计划，向非洲国家提供的援助与信贷额高达1820亿卢比，值得一提的是，2018年，非洲国家获得来自印度的援助与信贷额高达1025亿卢比，占该年印度对外援助与信贷总额的16.44%。

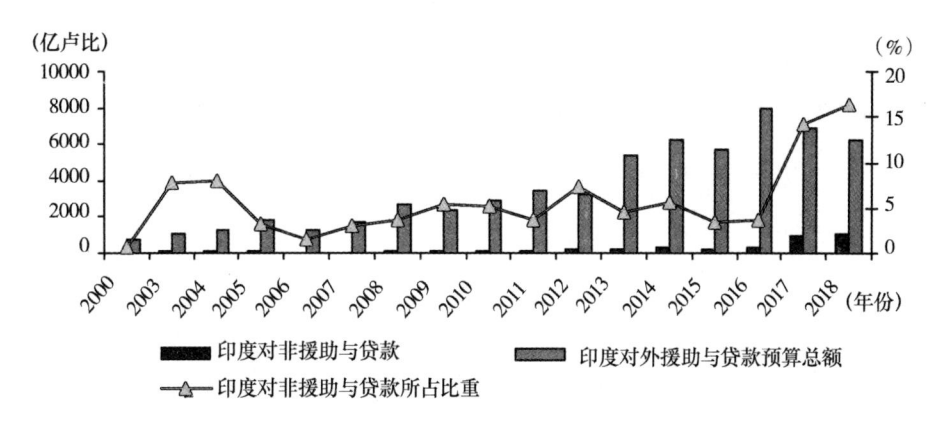

图 2-2 2000—2018 年印度对非援助与贷款情况

资料来源：Government of India, Ministry of External Affairs, *Annual Reports*, various years。

（4）印度主要企业加大在非投资

自 2008 年的首次印度非洲论坛峰会后，印度储备银行开始系统性地公布印度企业的对外投资情况。根据印度储备银行的数据，2008—2015 年，印度在非洲的投资为 478.27 亿美元，其中 2010 年是印度在非投资最多的年份，投资额度达 115.66 亿美元，占该年印度对外投资总额的 28.5%，之后，印度对非投资有所下降，2013 年，印度在非投资仅为 41.1 亿美元，仅占同年印度对外投资的 13.89%。2014 年，印度对非投资总额为 83.32 亿美元，而 2016 年、2017 年、2018 年印度在非投资总额分别仅为 49.26 亿美元、27.56 亿美元、29.74 亿美元，远不如 2014 年印度在非投资规模。

在国别层面，毛里求斯为印度在非洲的主要投资地。就投资额度超过 2 亿美元的项目而言，2008—2013

年，印度在毛里求斯有 13 个，投资金额达 123.58 亿美元，占同期印度对非投资总额的 34.8%。2014—2018 年，印度在毛里求斯投资额超过 2 亿美元的项目亦达 13 个，投资额为 77.06 亿美元，占同期印度对非投资总额的 33.47%。此外，印度在莫桑比克和埃及等国亦有一定的投资。印度在非投资领域集中在制造业、农业、矿业、旅店、金融、保险等行业。印度石油天然气公司的子公司，信实工业公司、塔塔公司、爱沙钢铁公司是印度在非投资的主力。2014 年，印度石油天然气公司的子公司 Videsh 在莫桑比克投资 26.4 亿美元。单在 2010 年，信实工业公司在毛里求斯投资就高达近 61.15 亿美元。2011 年、2014 年，印度塔塔电力公司分别在毛里求斯的制造业投资 9 亿美元、6.26 亿美元。2012—2015 年，印度爱沙钢铁公司在毛里求斯的投资亦超过 24 亿美元。

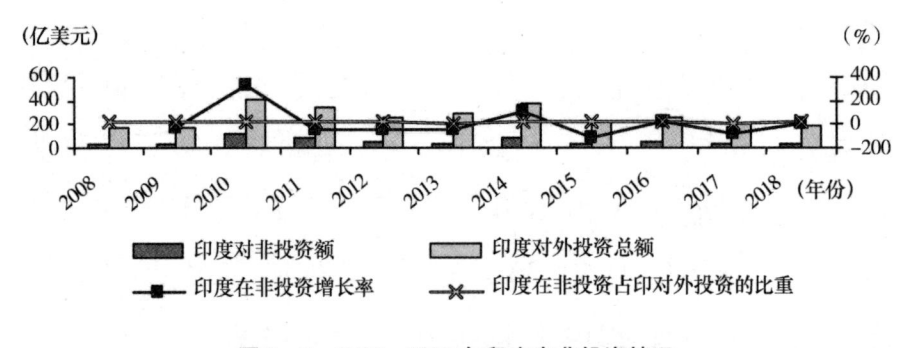

图 2-3　2008—2018 年印度在非投资情况

资料来源：Reserve Bank of India, *Monthly Reports*, various years。

表2-2　　　　　　　　印度在非洲的主要投资项目　　　　　　（单位：百万美元）

年份	投资企业	投资目的地	投资领域	投资金额
2008	印度石油天然气公司的子公司 Videsh	埃及	制造业	208.7391
2010	信实工业公司	毛里求斯	制造业	2221.92
2010	信实工业公司	毛里求斯	制造业	2052.72
2010	信实工业公司	毛里求斯	制造业	340
2010	信实工业公司	毛里求斯	制造业	1500
2010	斯特迪斯·阿克雷伯公司	毛里求斯	商业服务	710
2011	安比谷公司	毛里求斯	旅店	736.32
2011	塔塔电力公司	毛里求斯	制造业	900
2011	艾瑟尔通信控股有限公司	毛里求斯	金融、保险房地产	776.8853
2012	信实工业公司	毛里求斯	制造业	1000
2012	信实工业公司	毛里求斯	制造业	500
2012	印度爱沙钢铁公司	毛里求斯	制造业	625
2013	塔塔化学制品公司	毛里求斯	制造业	475
2013	阿波罗轮胎公司	毛里求斯	旅店	519.75
2014	印度石油天然气公司的子公司 Videsh	莫桑比克	农业和矿业	2640
2014	信实工业公司	毛里求斯	制造业	525.1733
2014	印度爱沙钢铁公司	毛里求斯	制造业	600
2014	塔塔电力公司	毛里求斯	制造业	626
2014	印度爱沙钢铁公司	毛里求斯	制造业	600
2015	印度爱沙钢铁公司	毛里求斯	制造业	586.345
2016	韦丹塔有限公司	毛里求斯	金融、保险与商业服务	950
2016	韦丹塔有限公司	毛里求斯	金融、保险与商业服务	320
2016	塔塔电力公司	毛里求斯	制造业	483
2016	韦丹塔有限公司	毛里求斯	金融、保险与商业服务	610

续表

年份	投资企业	投资目的地	投资领域	投资金额
2017	巴帝电信有限公司	毛里求斯	通信服务	450
2017	贝利西莫皇冠大厦私人有限公司	毛里求斯	金融、保险与商业服务	262.5
2018	巴帝电信有限公司	毛里求斯	运输、储存和通信服务	1285
2018	印度联合磷化物有限公司	毛里求斯	制造业	408.1226

资料来源：Reserve Bank of India, *Monthly Reports*, various years。

（5）印度愈加被非洲国家视为重要经贸伙伴

印度的对非经贸倡议赢得非洲国家的响应。2008年，来自33个非洲国家的450名工商界人士，出席由印度工业联合会主办的印非经贸合作会议，会上讨论了总计1亿美元的印非跨国项目，涵盖信息技术、电信技术、农业经济、制药、医疗和旅游业等各个行业。印度工业联合会与非洲18个国家的有关组织签订合作协议，承诺共同推进印非信息交流、促进彼此实现经济利益。[①] 截至2012年，印度已举办8次印非经贸合作会议，达成1500个项目合作。此外，泛非电子网络项目在埃塞俄比亚的实验项目获得较大成功，印度已

---

① 《印度非洲谈合作 软实力下真经济》，新华网，2008年4月8日，http://news.xinhuanet.com/newscenter/2008-04/08/content_7933935.htm。

分别在 2009 年、2010 年将该项目的第一、第二阶付诸行动，已有 47 个非洲国家加入该计划。印度著名药品公司西普拉公司已为南非等国提供抗艾滋病药。印度工业联合会与普华永道 2018 年的联合报告显示印度 140 余家企业在南非的投资超过 40 亿美元，直接创造了 18000 个就业岗位。①

非洲国家日益重视对印度经贸合作。2007 年，博茨瓦纳出口发展与投资局（BEDIA）在新德里设立办事处。在南非总统祖马的倡议下，2010 年，印度与南非两国首席执行官论坛得以重组，新建能源、金融服务、矿业与基础设施四个部门合作组，以加强两国私人部门间的协调，拓展市场机遇。同年，南非加入由巴西、俄罗斯、印度和中国等发展中大国组成的"金砖国家"合作机制（BRICS）。2012 年，埃塞俄比亚表示视印度为其优先伙伴国家之一，将向印度的投资者提供任何所需的帮助，推动印度对该国的投资从 45 亿美元增加至 2015 年的 100 亿美元。② 喀麦隆总理菲勒蒙认为加强对印经贸合作，将有助于非洲经济的振兴。2015 年 3 月，印度主办第 29 届印度地毯博览会，

---

① "India Inc Invests over USD 4 billion in South Africa", May 6, 2018, http：//nextcoverage.com/article/india-inc-invests-over-usd–4–billion-in-south-africa.

② "Ethiopia：Premier-Meets With Indian Investors", November 20, 2012, http：//allafrica.com/stories/201211200898.html.

有约 450 家地毯进口商受邀参展，其中毛里求斯、津巴布韦等国家是第一次参与该会议。① 为强化同印度经贸关系，坦桑尼亚航空公司计划在 2018 年 12 月开通达累斯萨拉姆与孟买间的航班。② 值得一提的是，继 41 位非洲国家政府首脑出席 2015 年 10 月的印非论坛峰会后，2017 年 5 月 25 日，艾哈迈达巴德市主办第 52 次非洲发展银行组织会议，这是自非洲发展银行 1964 年成立以来首次在印度召开，印度由此成为该会议第四个非非洲地区成员国主办方，塞内加尔、贝宁和科特迪瓦三个西非国家的首脑参会，这在印非关系中具有里程碑意义。

(6) 印度的发展经验与模式越发得到非洲的认可

埃塞俄比亚总理梅莱斯认为深化与印度的经贸合作，有助于非洲大陆的经济变革，指出印度在经济上取得的显著成就，将为非洲提供有益的经验。对于 2010 年印度主办的非洲地区经济共同体会议，西非国家经济共同体委员会主席贝霍，表示这为非洲国家分享印度发展经验提供良机，认为印度是民主与发展成

---

① "Press Information Bureau Government of India Ministry of Textiles, 29th India Carpet Expo Starts Tomorrow", March 26, 2015, http：//pib. nic. in/newsite/PrintRelease. aspx? relid = 117750.

② Joseph Lyimo, "Tanzania, India Sign Agreements for Enhanced Bilateral Ties", October 18, 2018, https：//allafrica. com/stories/201810180614. html.

功结合的范例。

2010年，坦桑尼亚总统基奎特启动该国首个私人出口加工区，该加工区300英亩，由印度卡迈勒工业集团所持有。尼日利亚认为印度在中小型微型企业发展方面的经验丰富，值得该国借鉴。2013年，印度首都新德里与埃塞俄比亚首都亚的斯亚贝巴签署建立姐妹城市协议文件，以推动两城市在发展小型微型企业、卫生与城市服务等方面的经验交流。次年，非洲亚洲农村发展组织参加在新德里举办的非洲—亚洲农业经济论坛，并与印度工商联合会签订合作框架文件，加强与印度在农业领域的合作。除此，非洲发展银行已与印度政府签署合作协议，汲取印度在发展基础设施上使用公私合作模式（PPP）的经验。

3. 拓展印度文化与技术在非洲的辐射力

在印度政府对非文化外交的举措下，印度深化了与非洲国家的文化合作，印度文化越来越得到非洲国家的认可。印度对非文化外交的功效，不仅在于推动印度对非外交关系，促进双边互信与合作，还在于为印度发展与非洲的经贸合作创造条件。

（1）印度大学院校的水平得到越来越多的非洲国家的肯定

非洲联盟委员会人力资源和科技委员吉恩·皮埃

尔·叶津（Jean-Pierre Ezin）认为印度能通过教育给非洲大陆带来变革。① 非洲人口与资源大国埃塞俄比亚视印度为国家整体发展的榜样。每年约有500名埃塞俄比亚国民前往印度，参加高等教育学习，且多数依赖自费的方式。根据印度技术和经济合作计划（ITEC），印度赋予埃塞俄比亚的奖学金名额在逐步增加。从2007年的35个增加至2013年的90个，增长约150%，成为非洲第三大ITEC奖学金计划的受益国。印度驻该国大使乐观地表示将促使埃塞俄比亚成为非洲ITEC奖学金计划的最大受益者。② 2017年，印度总统科文德指出2000名印度教员为埃塞俄比亚大学教学和学术研究做出巨大贡献，是该国高等教育中最大且最具价值的外籍教师团队，认为这充分体现印度横跨海洋运载到非洲的主要货物是知识。③

印度还在法语西非国家成立一个以圣雄甘地名字命名的教育机构——学校组甘地（Groupe Scolaire

---

① Manish Chand, "India to Set up 19 Training Institutes in Africa", http://indiaafricaconnect.in/index.php?param=news/1767/india-in-africa/117.

② Groum Abate, "Indian Fellowship, Teachers Spread Education in Ethiopia", http://indiaafricaconnect.in/index.php?param=news/712/india-in-africa/117.

③ Homa Mulisa, "Ethiopia: Ethio-India Ties Take New Trajectory", *The Ethiopian Herald*, Ooboter 12, 2017, http://allafrica.com/stories/201710120496.html.

Gandhi)。印度著名大学英迪拉·甘地国立开放大学（IGNOU）已同加纳、肯尼亚、乌干达等国家的高等教育机构建立伙伴关系，还将在非洲建立虚拟大学。截至2018年，已有超过1700名非洲学生，参与泛非电子网络项目提供的远程医疗和远程教育服务。[①]

印度提供的文职培训课程在毛里求斯公务员中深受欢迎，在印度与毛里求斯政府签署信息技术领域战略合作协议后，最近几年，大部分印度技术和经济合作计划（ITEC）培训名额被毛里求斯利用于参与在印度信息技术相关领域的培训。[②] 大多数塞舌尔警察和军队的高级官员都参加过在印度国防院校的课程培训。超过24%的坦桑尼亚防务人员具有参与ITEC计划下的培训经历，而在博茨瓦纳国防机构高层军官中，有一半接受过ITEC计划提供的培训机遇。[③]

作为对印度对非洲大陆能力建设的肯定，泛非洲电子网络工程项目在2012年赢得欧洲创新奖。[④] 此外，

[①] Ruchita Beri, "Evolving Indi-Africa Relations: Continuity and Change", *SAIIA Occassional Paper*, No. 76, p. 10.

[②] "ITEC and Technical Cooperation", http://indiahighcom-mauritius.org/itec_bilateral.php.

[③] http://indiaafricaconnect.in/itec2-more.php.

[④] Manish Chand, "India to Set up 19 Training Institutes in Africa", http://indiaafricaconnect.in/index.php?param=news/1767/india-in-africa/117; "Pan African e-Network & Tele-education", http://www.embassyofindia.mg/multilateral/teleeducation.

2010年,印度与非洲国家共同制定合作行动计划,据此,印度将在非洲设立19所能力建设机构,其中包括印度非洲外贸学院(乌干达)、印度非洲信息技术学院(加纳)、印度非洲钻石学院(博茨瓦纳)、印度非洲教育规划和管理学院(布隆迪)4所机构及10所印度非洲职业培训中心。①

(2) 印度影视业在非洲市场上获得较广泛的追捧

宝莱坞作品在南非等印度裔人较多的非洲国家深受欢迎,在埃及等国家的印度影视剧播出时段,甚至出现"万人空巷"的场景。② 出于发展经济和为年轻人展示技能的考虑,博茨瓦纳等国表示为宝莱坞提供补贴等协助。印度影片《亲亲面颊》(*Kannathil Muthamittal*)与萨莉娜(Saira),在2003年、2007年的津巴布韦国际电影节上,还分别获得"最佳影片"奖与"最佳女主角"奖。

(3) 印度文化在非洲的辐射范围有所拓展

传统上讲,印度主要为来自非洲英联邦成员国的学生提供教育与培训计划,且主要参与在印度国防大学等军事学院的学习。21世纪以来,除了在东南非等印度对非文化交流的传统区域,印度传统文化在西部

---

① Indian Ministry of External Affairs, "India's Relations with African Union", http://www.mea.gov.in/mystart.php?id=8904.
② 任飞:《印度外交新态势:文化软实力的推进》,《南亚研究季刊》2009年第2期。

非洲的影响力也在蔓延。为纪念首批印度人抵达南非151周年，南非发布一系列的纪念邮票，认为印度人社区不但对南非经济、社会、政治做出了重大贡献，而且丰富了该国多样性文化。肯尼亚总理奥廷加指出印度与非洲间深厚的历史联系，将有助于相互间的伙伴关系。在布隆迪首都布琼布拉有三家印度餐馆，印度食品在布隆迪随处可见。印度教在加纳传播，从20世纪70年代的仅仅有24位印度教教徒，增至2012年的近3000个印度教徒家庭。印度教已经从加纳传播到多哥。① 在塞内加尔政府的邀请下，2010年，印度文化表演队参加在该国首都达喀尔举办的第三届世界非洲黑人艺术与文化节。

（4）印非文化交流推动印非关系的深入

印度对非文化合作利于印非关系的巩固与发展。其一，非洲海外印度人的贡献得到非洲国家的肯定。毛里求斯共和国第一任总统卡萨姆·尤提姆为印裔，1993年上台伊始，就将印度作为其首访的目的地。他在抵达印度后表示："印度是我们祖先世世代代生活的地方。我们国家有2/3的人是印度人后裔，因此对于我来说，访问印度就是一次朝圣。"② 肯尼亚总统肯雅塔认为印

---

① "Hinduism Spreads in Ghana, Reaches Togo", *Africa Quarterly*, volume 51, No. 3, 2012, p. 10.

② 孙士海、江亦丽：《二战后南亚国家对外关系研究》，方志出版社2009年版，第329页。

度裔是该国社会的一部分，在争取自由斗争、反抗殖民统治中曾做出不可磨灭的贡献。乌干达总统穆塞韦尼表示该国有3万印度裔，是国家税收的重大贡献者，希望更多印度人前往乌干达旅游。[①] 自2003年1月9日到现在，"海外印度人节暨海外印度人奖颁奖大会"从未间断，每次都非常隆重，包括国家元首和政府首脑在内的印度政府高级官员参加大会的积极性很高，大批政界人士纷纷与会。其二，有利于加强印度与非洲国家的友谊关系。印度认为接受印度奖学金的学生现在已经是政府的首脑，他们曾至少在印度经历三年的学习生涯，对印度的文化、经济政治与社会风气掌握第一手资料信息。[②] 成为印度与这个国家之间的"友谊大使"。[③] 这有利于联系非洲国家的社会文化精英，培养对印度友好的非洲队伍。例如，20世纪60年代，前尼日利亚总统奥巴桑乔曾在印度军校接受培训，奥巴桑乔在随后担任尼日利亚最高统帅部参谋长、总统期间，积极促进尼日利亚与印度的军事交流与合作。[④] 2010

[①] Yoweri Museveni, "Send Your Poor to Uganda, They Will Get Rich", *Hindustan Times*, October 30, 2015.

[②] Simon Mark, "A Comparative Study of the Cultural Diplomacy of Canada, New Zealand and India", http://researchspace.auckland.ac.nz, p. 202.

[③] 石俊杰：《浅论印度的软实力》，《南亚研究季刊》2008年第4期。

[④] 沈德昌：《试析冷战后印度对非洲的外交政策》，《南亚研究季刊》2008年第3期。

年，曾在印度德里大学获得商业学士学位的马拉维总统穆塔里卡（Bingu wa Mutharika），认为自己是"印度的产物"，并在引用自己成功故事的同时，催促印度加大与马拉维教育部门的合作。[1] 其三，推动印非间人员交流。以南非为例，2005—2010年印度到南非观光的游客增加了122%，是南非第七大游客来源国。据了解，南部非洲旅游协会正在为1000多家印度旅游公司提供培训，以确保更多印度人赴南非旅游。[2] 此外，2017年，北非国家摩洛哥亦在新德里设立旅游促进办事处，以吸引更多印度游客。[3] 其四，为印非经贸合作创造便利。印度政府每年邀请非洲人参与技术培训，这一项目已连续开展近50年。因为印度对非洲的技术输出和培训经常出现在非洲的报纸、电视上，印度人"培训师"的形象为非洲人所熟知。[4] 2008年，曾在1972年驱逐印度人在内的亚洲人的乌干达，向印度派

---

[1] Malawi, "India Ink Deals, Keen on Joint Uranium Exploration", *AFRICA QUARTERLY*, Indian Journal of African Affairs, Vol. 49, No. 4, November 2009 – January 2010, p. 10.

[2] 张晓东：《印度对外关系发展报告（2012—2013）》，载吕昭义主编《印度国情报告（2012—2013）》，社会科学文献出版社2014年版，第58页。

[3] "Morocco Wants to Attract More Indian Tourists", *The North Africa Post*, October 29, 2017, http://northafricapost.com/20403 - morocco-wants-attract-indian-tourists.html.

[4] 郭瑞军：《印度独特魅力的外交形式——文化外交》，《湖南民族职业学院学报》2012年第3期。

出首位来自非洲的具有印度裔背景的乌干达驻印度大使尼密沙·马德瓦尼（Nimisha Madhvani），其主要使命是加强印度与乌干达的贸易、投资与政治联系。① 非洲发展银行的阿金乌米·阿德辛纳赞扬印度政府向非洲高等教育学生提供的帮助，认为这有助于非洲青年提升技能、创造就业机会。② 值得注意的是，印度对非文化外交的具体领域日渐成为印度非洲经贸增长的驱动力量。2009 年的第五次印度非洲经贸合作会议上，印度宣布将在非洲农业、可再生能源、科技、教育、IT 等重要部门投资 5 亿美元，将印非贸易在此后五年内提高到 700 亿美元。不仅如此，印度强化与非洲海外印度人联系的举措引起相关大国的关注，这在一定程度上可为印度拓展在非三方合作创造便利。例如，日本驻印度大使平松健二就表示日本公司正采取行动，利用印度在非洲构建的人员网络，开拓非洲市场。③

---

① Teddy Nwanunobi, "Africa: Continent Wants India to Invest in Mining Industry", March 25, 2008, http://allafrica.com/stories/200803250391.html.
② "'Shared Opportunities and Deepening Partnership': AfDB President Sees Bright Future for Africa and India", May 21, 2017, https://www.afdb.org/en/news-and-events/shared-opportunities-and-deepening-partnership-afdb-president-sees-bright-future-for-africa-and-india-17008/.
③ "President Kovind Addresses Indian Community in South Africa", April 3, 2019, https://www.business-standard.com/article/news-ani/president-kovind-addresses-indian-community-in-south-africa-119040300107_1.html.

三 印度与非洲关系走势

2019年5月，莫迪带领的印度人民党再次赢得印度全国大选，获得连任资格。印度政坛因而迎来"更加自信的印度和更加自信的莫迪"。这在很大程度上有利于印度对非政策的延续性。凭借经济发展的巨大潜力，莫迪政府未来将更希望在联合国安理会改革等议程上获得非洲国家的支持。不仅如此，印度希望借助非洲良好的经济发展前景，深化对非经贸合作，缓解国内经济发展降速的困境，提高印度经济竞争力。印度更趋重视海外印度人在推动印度发展，及增强国际影响力中的作用。

（一）增强印非政治互信实现印度长期悟守的大国梦想

莫迪政府对未来印度国家的发展前景持乐观态度。在政治层面，莫迪行事果断强硬，个性明显，在古吉拉特邦执政期间可谓说一不二。① 2014年5月，莫迪领导的印度人民党在选举中赢得543个议席中的334席，30年来首次单独成为议会多数党。2019年5月莫迪再次当选总理，其领导的人民党也在印度联邦院（上议院）、人民院（下议院）获得压倒性优势，总统科温德也是人民党成员，这就意味着人民党"一统天下"，国大党、大众社会党等其他党派已无力制约莫迪做出的任何决策。② 在经济层面，2015年，莫迪总理指出印度人口占世界的六分之一，印度经济已从冬季的低迷演化为"新的春天"，表示将推动印度由2万亿美元经济体提升为20万亿美元的经济体。③ 值得一提的是，在莫迪第一个任期期间（2014—2018年），印度国内生产总值（GDP）的年均增速将达7.3%左右，成为全球主要经济体中发展最快的国家，全球经济地位也从第9位上升到第6位。不仅如此，世界银行预测2019年印度经济增速将达7.4%。④

---

① 王世达：《评莫迪出任印度新政府总理》，《国际研究参考》2014年第6期。

② 瞭望智库：《印度在克什米尔突然动手，原来是这个原因》，2019年8月22日，http：//baijiahao. baidu. com/s？ id = 1642539146984656940& wfr = spider&for = pc。

③ Et Bureau, "ET Global Business Summit：PM Modi's Core Team Sheds Light on Ambition to Make India a ＄20tn Economy", *The Economic Times*, January 18, 2015, http：//articles. economictimes. indiatimes. com/2015 - 01 - 18/news/58200655_ 1_ pm-modi-prime-minister-narendra-modi.

④ 《这五个"惊人事实"，关乎印度经济快速增长》，《参考消息》2019年8月3日。

非洲是提升印度大国地位的依靠力量。2015年10月的第三次印非论坛的成功召开,提升印度对印非峰会机制的信心。在印度看来,此届峰会规模,甚至超过美国、中国和日本等国家与非洲举行的峰会,表明印度在外交政策层面,成为能够与所有非洲国家举行峰会的少数国家之一。[①] 莫迪总理表示所有54个非洲国家代表参加的印非峰会,促使印度有机会倾听整个非洲的声音,具有实在的历史意义,清楚体现印非伙伴关系趋向成熟,印非峰会机制在印非共同利益的协商方面具有重要作用。[②] 不过,尽管印度认为峰会期间,埃及、尼日利亚、南非等非洲主要大国与非盟都已在加强安理会改革上与印度达成共识。但塞内加尔、尼日尔等非洲国家领导人并没有公开承诺支持印度的"入常"愿望,峰会发布的宣言也没有明确表示支持印度成为联合国安理会新成员的候选国。不仅如此,印非在安理会议题也存一定的分歧。非洲主张在未来改革后的安理会中拥有两个席位,且拥有否决权,而印度、巴西、德国与日本组成的四国集团则认

[①] "A Summit Well Worth the Effort, Hindustan Times", October 30, 2015, http://www.pressreader.com/india/hindustan-times-jalandhar/20151030/282325383838518/TextView.

[②] Amadou Jallo, "Africa: Indian PM Touts Africa's Human, Economic Devt as on Track", *The Daily Observer*, November 6, 2015, http://allafrica.com/stories/201511061719.html.

为安理会新成员否决权的问题有待探讨。

为深化互信，新一届莫迪政府仍将致力于强化对非外交与援助攻势。2018年莫迪访非期间，就强调非洲是印度外交的优先方向，申明将保持印非定期交流与合作势头；共同推动公正、民主的全球秩序。① 同年，莫迪宣布2018—2021年印度将在非洲增设18个新大使馆，其中所涉国家包括吉布提、厄立特里亚、索马里、佛得角、赤道几内亚、多哥等。届时印度在非洲的常驻使馆将由29个增加到47个。② 2019年7月，印度宣布向尼日尔提供15亿美元的赠款，支持其主办非洲联盟首脑会议。7月28日至8月3日，印度总统科温德访问贝宁、冈比亚和几内亚，这是其第四次访问非洲。此外，为强化印度在非洲的发展伙伴形象，2017年，印度表示在今后五年里将给予非洲学生的奖学金名额翻一番，达50000个。③ 2018年，印度

---

① Anil Trigunayat, "Evolution and importance of India-Africa Relations: from Gandhi to Modi", April 2, 2019, https://www.financialexpress.com/india-news/evolution-and-importance-of-india-africa-relations-from-gandhi-to-modi/1535979/.

② "India to Open 18 New Embassies in Africa by 2021", http://www.africanews.com/2018/04/03/india-to-open-18-new-embassies-in-africa-by-2021/.

③ Indian Ministry of Human Resource Development, "India, Africa Represent Workforce of Future", May 26, 2017, http://www.4-traders.com/news/India-Africa-Represent-Workforce-of-Future-Prakash-Javadekar-Minister-of-Human-Resource-Developm--24494046/. 2017-05-28.

启动泛非电子网络项目升级计划，据此，未来五年里印度将每年向非洲国家的 4000 名学生免费提供不同学科的远程教育课程与医疗咨询等服务。①

（二）深化印非经贸合作完成印度经济发展目标

印度经济在发展的同时，其面临难题亦日渐显现。2014—2018 年，印度经济的增长主要依靠私人投资和个人消费，政府面临高额财政赤字，难以进行大规模投入，但是私人投资都集中在见效快的服务业，而农业、工业、基础建设等领域的投资严重不足。除此，土地改革和劳工改革等制约因素由于种种原因在莫迪的首个任期未能实现突破，其结果是导致印度出口增长乏力，投资环境与就业率难以得到明显改善。世界银行《2019 年营商环境报告》将印度的营商环境排在 190 个经济体中第 100 位，属于中等偏下，而在印度开办企业的难易度排名则更低，只有第 156 位。② 2017

---

① "With China in Sight, India Woos Africa with E-network Education Project", *Statesman News Service*, September 10, 2018, https://www.thestatesman.com/india/with-china-in-sight-india-woos-africa-with-e-network-education-project-1502683166.html.

② 陶短房：《印度制造业：先学会走再说》，《中国经营报》2019 年 6 月 10 日。

年下半年起,印度经济增速放缓,2017年7月至2018年6月,印度失业率达到6.1%,创下了45年来的最高水平。而在印度的失业人群中,青年人的失业率要比平均失业率高得多,其中15—29岁城市失业率男性为18.7%、女性为27.2%,绝对数量是5个年轻人中至少有1人找不到工作。① 不仅如此,印度经济监测中心则估计,失业率在2019年4月突破了7%。② 正因为如此,当2019年7月,莫迪提出在2024年实现印度成为5万亿美元经济体的目标时。有舆论表示质疑,因为印度当前经济总量约为2.8万亿美元,从现在起,印度的经济增长需要保持在每年10%以上的高位区间,"5万亿"才有可能。不过,印度官方认为通过提升地方邦核心竞争力、调整农业结构和进一步强化出口等措施,实现该计划是可能的。③

一定程度上讲,非洲适应印度未来发展的需求。其一,非洲资源丰富。致力于工业化且人口众多、地缘广袤、基础设施落后的印度,已成为黄金、矿石、食用油等全球大宗商品需求市场不可忽视的力量,这

---

① 张锐:《瞄准五万亿美元经济体,印度在说大话吗》,《证券时报》2019年8月22日。
② 钱小岩:《2.0版莫迪政府:世界增速最快经济体更大胆改革箭在弦上》,http://www.yi.cai.com/news/100202888.html。
③ 胡博峰:《"5万亿"目标,印度面临哪些障碍》,《环球时报》2019年7月5日。

股力量至少将持续十年。① 2018 年，印度副总统文卡亚·奈杜表示未来五年，印度电力、道路、港口和城市交通等部门需要 43 万亿卢比的投资。② 其二，非洲市场潜力不容忽视。为实现经济可持续发展，2015 年 6 月，非洲联盟首脑会议通过规划未来 50 年发展构想的"2063 议程"，表示将通过推动工业化、制造和蓝色/绿色经济、创造就业等内容，推动非洲可持续发展，实现 2020 年结束非洲地区所有战争、2025 年消除非洲饥饿等预定目标。非洲联盟宣布 2015—2025 年为非洲海洋十年，将蓝色经济视为非洲复兴的新边界，印度商界认为印非贸易预计到 2021 年将增至 1170 亿美元，2025 年印度在非洲市场的收益升至 1600 亿美元，有望拥有非洲 2%—5% 的农业、10% 电力和约 7% 的信息技术市场份额。③ 其三，有助于优化产业结构。2018 年，印度总理莫迪阐述印度对非政策构想的十项原则，其中包括优先支持非洲产品进入印度市场，帮助非洲实现数字革命、挖掘非

---

① 王朱莹：《印度：大宗商品下一驱动力》，《中国证券报》2014 年 10 月 20 日。

② "Press Information Bureau Government of India, Industry Should Increase Investments in Agriculture Sector: Vice President", February 24, 2018, http://pib.nic.in/newsite/PrintRelease.aspx?relid=176775.

③ Our Bureau, "India to Quadruple Revenues from Africa by 2025: McKinsey Report", *Bussiness Line*, March 10, 2014.

洲农业潜力，共同应对气候变化等。[①] 根据 2018 年印度工业联合会与非洲联盟所属的非洲贸易政策中心联合发布的报告，印度对 2019 年 5 月 30 日生效的非洲大陆自由贸易区（AfCFTA）持积极态度，认为随着 AfCFTA 的建立，产品跨越国界流动将更加便捷。报告建议印度与非洲建立有效的经济一体化伙伴关系，强调通过提升价值链和助推结构转型，印度与非洲有望实现市场准入互惠，促进两者间贸易的均衡。

（三）推动印非安全磋商稳定印度国内局势

印度非洲面临的反恐压力不容忽视。2018 年美国经济与和平研究所发布的全球 138 个国家恐怖主义指数排名显示，前 20 个受恐怖主义冲击最严重的国家中有 10 个是来自非洲的国家，印度则位居第 7。[②] 在 2019 年 7 月 10 日召开的非洲地区高级别反恐会议上，联合国秘书长古特雷斯指出，恐怖主义正在非洲

[①] "Ambassador Anil Trigunayat, Evolution and Importance of India-Africa Relations: from Gandhi to Modi", April 2, 2019, https://www.financialexpress.com/india-news/evolution-and-importance-of-india-africa-relations-from-gandhi-to-modi/1535979/.

[②] Institute for Economic and Peace, *Global Terrorism Index 2018*, p. 10.

蔓延并破坏整个地区稳定，国际社会应加大对非洲国家在反恐领域的技术和经济支持。非盟委员会主席法基则认为，光凭武力不能根除恐怖主义，发展、教育以及加强情报共享是赢得这场反恐战争的关键。值得一提的是，莫迪在印度第73届独立日（2019年8月15日）向全国发表讲话中，表示过去七十年来普遍存在的制度加剧了分离主义并导致了恐怖主义，印度已对法律进行重大修订以打击恐怖主义并使其更加严格和有力，强调印度正在与恐怖组织进行一场艰苦的斗争。认为在世界任何地方，恐怖主义行动都应被视为对人类的攻击，印度应该有助于揭露这些反人道主义活动，并决心团结所有的世界力量来结束恐怖主义。①

莫迪政府将持续推动印非反恐合作。尽管第一届、第二届印非峰会上，印非都明确谴责所有形式的恐怖主义，但峰会的成果文件主要围绕核裁军这一主题，印非双方认为应通过全球非歧视和真正的消除核武器和其他大规模杀伤性武器，保障所有国家的安全。而2015年第三次印非峰会发布的《战略合作框架》则首次将暴力极端主义与恐怖主义一道视为国家面临的主要威胁。2019年1月，印度和南非达成一项为期三年

---

① 《总理莫迪在第73届独立日（2019年8月15日）从红堡向全国发表讲话》，http://airworldservice.org/chinese/archives/22843。

（2019—2021）的战略合作计划，强化两国在反恐、国防与贸易等关键领域的合作。① 同年2月，摩洛哥和印度同意设立一个反恐联合工作组，以在打击跨界恐怖组织方面加强合作。②

印度与非洲还面临环境恶化带来的沉重压力，深化生态等非传统安全领域合作符合双方利益。印度为世界第三大温室气体排放国，人均排放量居世界第十位。2013年，由于环境污染而造成的健康成本达3.75万亿卢比，约为印度GDP的3%。印度计划到2022年，将太阳能电力、风力升至100吉瓦和60吉瓦。③到2030年将其非化石燃料占能源消费的比重提升到40%，将单位GDP碳排放强度在2005年的基础上降低33%—35%。莫迪呼吁全球从"碳信用"向"绿色信用"转变，并在第21届联合国气候变化会议上发起太阳能联盟倡议，试图到2030年筹集一万亿美元投资，聚焦开发赤道附近那些阳光充足但资金匮乏国家的太阳能。另外，截至2015年，撒哈拉以南有超过6

---

① "Elizabeth Roche, India, South Africa to Boost Defence Ties, Trade", January 28, 2019, https://www.livemint.com/politics/news/india-south-africa-to-boost-defence-ties-trade-1548415678022.html.

② "Morocco, India Poised to Foster Their Counterterrorism Cooperation", February 19, 2019, http://northafricapost.com/28179-morocco-india-poised-to-foster-their-counterterrorism-cooperation.html.

③ 熊一舟：《印度的能源新政能否持久？》，《中国社会科学报》2015年6月18日。

亿的非洲人无法获得电力,非洲每年因烹饪引起火灾产生烟雾而造成死亡的人数就有60万。[①] 国际能源机构认为2009—2014年,太阳能板价格下降75%,到2040年可再生能源在非洲总能源生产能力中的比重将增至40%。[②]

(四) 强化印非人文联系巩固印度人民党执政基础

莫迪相信依靠海外移民的智力与金融方面的资源,能够帮助印度将"世界大师"的潜力变为现实。[③] 其因:一是依靠印度教文化,利于巩固印度人民党的执政地位。印度教徒占印度总人口80%以上,印度教民族主义者以图鼓动印度教徒的广泛认同,推动印度成为一个"有声有色的世界性大国"。莫迪所领导的印度人民党与印度教教派组织国民志愿服务团有着密切联系,在2014年大选后,莫迪就极力宣扬"印度教特

[①] 《非发行行长:能源是提升非洲经济的突破口》,《中国电力报》2015年10月19日,http://www.cpnn.com.cn/sd/gj/201510/t20151019_832059.html。

[②] Anna Leach, "Africa Could Lead World on Green Energy", *Guardian*, November 11, 2015.

[③] 朱翠萍:《莫迪政府大国发展战略的地缘政治考量》,载吴建民等主编《印度洋地区发展报告(2015)》,社会科学文献出版社2015年版,第15页。

性",赋予其"印度文化"的标签,展开印度人民党党员的"扩员运动"。值得关注的是,通过煽动国内的印度教民族主义情绪,莫迪获得多数印度教徒选民的支持,得以在2019年5月再次赢得全国大选。不仅如此,为巩固自己的威望和支持度,2019年8月5日,印度总统科温德发布总统令,废除印度宪法第370条,取消穆斯林人口为主体的印控克什米尔的"特殊地位"。二是海外印度人保留印度传统文化,是印度拓展文化软实力的载体。莫迪认为印度不仅局限于南亚大陆,也存在于世界各地的每个印度人心中,强调每个印度人以印度遗产为荣。2014年9月27日,莫迪在联合国发起"国际瑜伽日"倡议,2015年,印度政府不仅首次设立隶属外交部的印地语局,印度组建"瑜伽与传统医学"部,任命历史上首位"瑜伽部长"。[①] 2019年6月21日国际瑜伽日这一天,莫迪总理带领3万爱好者同练瑜伽,并表示瑜伽有助于人民和社会的团结,瑜伽可以帮助解决世界所面临的挑战。三是联系海外印度人利于印度经济发展与稳定。莫迪任古吉拉特邦首席部长期间,就注重利用该邦海外印度人较多的优势,招商引资和展开经贸往来。莫迪上台后,就注重将古吉拉特邦的经济改革在全国推广。四是出

---

① 龙兴春:《印度公共外交的资源、实践与启示》,《南亚研究季刊》2016年第1期。

于对中国"一带一路"倡议的担忧,莫迪政府将前任国大党政府倡导的"季风计划"纳入其海外市场战略。该计划主张立足印度文化对环印度洋区域的深远影响,依靠环印度洋国家间悠久的贸易往来历史,在印度主导下,共同开发海洋资源,加强经贸合作,推进环印度洋地区各国的区域经济一体化等。①

印度海外印侨约达 2500 万,② 其中近 280 万(约 10.7%)生活在非洲大陆。③ 且多数来自莫迪的故乡印度古吉拉特邦,④ 新一届任期内,莫迪仍将加强与非洲海外印度人的联系视为对非合作的重要议程。其一,向非洲等地海外印度人提供安全协助。2015 年,印度从也门撤离数万侨民期间,东非之角的吉布提曾向印度提供海空路设施援助。针对 2017 年印度总统科温德对吉布提的访问,印度前驻埃塞俄比亚和吉布提大使葛基特·辛格认为此举显示印度政府对吉布提战略地

---

① 徐长春:《印度经济形势分析与展望》,载中国国际经济交流中心《国际经济分析与展望(2015—2016)》,社会科学文献出版社 2016 年版,第 144 页。

② Ministry of Overseas Indian Affairs, "Strategic Plan for the Next Five Years", http://moia.gov.in/index.aspx.

③ Diaspora Networks, "Cultural and Historical Ties Bolster Diplomatic Drives", February 2, 2012, http://www.trademarksa.org/node/2435.

④ Amrita Nayak Dutta, "PM Modi's Mann Ki Baat Creates Waves in Africa", June 5, 2017, http://www.dnaindia.com/india/report-pm-s-mann-ki-baat-creates-waves-in-africa-oz-2461674.

位的重视。① 2018年,印度宣布未来三年内将在吉布提设立常驻使馆。2019年4月,科温德总统在南非开普敦向印度裔发表致辞,指出印度在过去四年里为陷入暴力、冲突和自然灾害困境的9万多海外印度人提供援助服务。② 其二,密切与非洲海外印度人的文化与经济联系。2018年3月,印度承诺捐赠3.3亿卢比,资助在毛里求斯建造"世界印地语秘书处"办公建筑。2019年1月,毛里求斯主办以"印度侨民在建设新印度中的作用"为主题的第15届海外印度人大会,其间,毛里求斯印度裔总理贾格纳特表示移民网络在带动该国与印度合作中发挥重要角色,强调毛里求斯重视印地语在维护和传播文化方面起到的关键作用,并正不遗余力地推动印地语成为一种全球语言。③

---

① Elizabeth Roche, "Ram Nath Kovind to visit Africa This Week on First Foreign Trip as President", October 2, 2017, http://www.livemint.com/Politics/CQkQbBcmYUdTc1xkaWmgMN/Ram-Nath-Kovind-to-visit-Africa-this-week-on-first-foreign-t.html.

② "President Kovind Addresses Indian Community in South Africa", April 3, 2019, https://www.business-standard.com/article/news-ani/president-kovind-addresses-indian-community-in-south-africa – 119040300107_1.html.

③ Government of Mauritius, "Mauritius: 15th Pravasi Bharatiya Divas—PM Reflects On Strength of Bond, Cultural Heritage and Ancestral Values With India", https://allafrica.com/stories/201901230565.html.

四　印度与中国在非洲的利益关系

中印都是发展中大国，有相似的历史遭遇，在支持非洲独立自由解放上存在共识。不过，受中印边界争端的影响，印度对中国与非洲关系的发展和可能对印非经贸关系、能源合作，以及印度安全战略利益与印度在发展中国家中的地位等方面造成的冲击，保持一定的警惕态势。此外，为凸显印度在非洲的存在，印度注重其对非关系在主体、动因与议程等方面的独特性。

（一）印度与中国在非洲的利益关系评估

评估印度与中国的利益关系，不应脱离印度和中国在历史上基于不同利益诉求与政策差异而引发的纠纷与冲突。有鉴于此，时至今日印度对中非关系的发展仍持一定的防范心态。印度一方面强调印非关系基础、主体和模式不同于中国，凸显其独特性，另一方面警惕中非关系可能给印度造成的经济、防务与安全挑战。

1. 印度与中国在非洲利益矛盾的由来

印度与中国在非洲的分歧，主要源于两国地缘政治与国际影响力的竞争。1962年中印边界争端后，印度国际地位一落千丈。印度迄今很难摆脱1962年中印边界争端失败的阴影，一些印度人从现实政治原则出发，把中国作为自己潜在的竞争对手，表示非洲是印中的竞争区域，应防止中国在非洲的战略渗透。在印度看来，其在非洲的传统影响远大于中国。但由于20世纪90年代初印度战略重心向欧美转移，非洲逐渐在印度外交战略中退居二线。最终导致印度在非洲的影响力被中国取代，现在中国在非洲的影响力已远超过印度。有人认为是受中国刺激，印度才在2008年启动印度非洲论坛峰会；对于2011年第二次印度非洲论坛峰会，印度舆论声称总理辛格将宣布多管齐下的新策略，抗衡中国在非洲崛起的影响力；印度有学者甚至强调趁现在中国在非洲还不是立足太稳，印度必须加快步伐。

2. 中国与印度对非洲政策存在一定差异

印度舆论普遍认为与中非关系相比，印非关系有其自身的优势。

(1) 印非合作的历史基础不同于中国

印度认为印度洋把印度次大陆与非洲以多种方式联系在一起,已经有数个世纪的时间,而这是中国没有的。从印度的资本家发展与非洲的贸易,到作为英国殖民地的印度的军队被派到非洲;影响印度独立的"非暴力"思想源于甘地在南非反对白人政权的实践,至今在非洲有280万印度裔人,印度和许多非洲国家都属于英联邦成员国等。正因为如此,针对2008印度—非洲首次峰会是受到中方刺激的言辞,印度总理辛格认为印度与非洲合作的愿望并非始于现在。2008年印非《德里宣言》就认为,"非洲和印度在历史上一直是亲密盟友。我们是印度洋的邻居",像过去一样,印度未来与非洲的关系一定不同于中国。

(2) 印度发展印非关系的主体不同于中国

在印度看来,中国在非洲进行的经济援助、政治策略或直接投资,向来是由政府主导,其目标非常集中明确。而印度尽管也重视与非洲国家在政府层面的交流与合作,例如印度政府每年拨出一定额度的财政预算,支持非洲等地国家国民参与"印度技术和经济合作计划"提供的能力建设培训,印度国有能源企业参与非洲油气开发等,不过,印度私人企业家在发展与非洲关系中的主体作用更明显,他们与任何地区的接触往往是分散的,较少受政府的控制,意味着印度对非政策是基于更广泛的基础和很强的持久性。[1] 换言之,印度宣称政府是被私人部门纳入主导印非关系的行列,而非主动为之,认为虽然印度政府在20世纪90年代才开启经济自由化改革,但印度塔塔集团早在1977年便进入非洲赞比亚,目前的投资范围覆盖汽车、钢铁、电信等众多的部门,[2] 在赞比亚、坦桑尼亚、南非等14国都有投资,在非洲的投资金额有16亿美元。[3] 集团总裁塔塔先生(Rattan Tata)不但是印度—南非首席执行官论坛(India-South Africa CEO forum)的主席,还是南非总统姆贝基国际经济理事会的成员等。[4] 继2005年印度工业联盟联合印度进出口银行、非洲开发银行召开首次印度—非洲经贸合作会议后,2007年,印度工业联盟在乌干达、莫桑比克等地,召开了一系列由来自42个非洲国家的国有和私人

---

[1] C. Raia. Mohan, "Concert of Continents-Don't Benchmark India's engagement in Africa against China's", *The Indian Express*, Delhi, April 8, 2008, p. 10.

[2] Duncan Bonnett, "India in Africa: An Old Partner, A New Competitor", *Traders Journal*, Issue 26, 2012, http://www.tradersafrica.com/PDF/traders_26_hires.pdf.

[3] Seema Sirohi, "On the Eve of India's First Africa Summit, a Look at Why We Trail China in the Race to a Continent", *Outlook*, April 14, 2008.

[4] India Calling 2007, "India-South Africa Business Conclave Johannesburg", August 1 – 3, 2007, KPMG INDIA, http://www.kpmg.ie/DestinationIndia/pubs/India%20Calling%202007.pdf.

部门参加的地区性会议等。正因为如此，印度重视中小企业在印非关系中的作用。2008年的《印度—非洲合作框架协议》规定：非洲和印度认为为了一个可持续的、成功的工业政策，作为非洲国家实现工业化的第一步，需要发展微型、小型和中型企业等。①

（3）印度支持非洲的模式不同于中国

印度认为其竞争优势在于它的科技更适合非洲当前的经济发展。认为印度援助非洲的显著特点是基于平等和尊重非洲人的愿望，强调能力建设和人力资源发展，集中转移中等技术和推进非洲的农业和相关工业的发展。印度媒体引用世界银行非洲方面的经济顾问哈里·布罗德曼（Harry Boardman）的观点，认为"中国公司倾向于进入非洲新的市场，通过建造新的设施，创造垂直联系的商业实体，从中国购买供应源，而不是当地市场，多数向非洲政府实体出售；而大多数非洲的印度公司建立的商业联系，较少是垂直性的，愿意从当地或者是国际市场（而不是印度供应商）购买供应源，把更多的销售给非洲的私人实体，鼓励他们的工人与当地相融合"。②认为在2006年对450个商业所有者的调查中，发现调查对象中的印度人几乎有

---

① Indian Ministry of External Affairs, "First India-Africa Forum Summit 2008, Africa-India Framework For Cooperation", http://meaindia.nic.in/.

② Rahul Sharma, "Stay on the Safari Course", *Hindustan Times*, Delhi Wednesday, April 9, 2008, p.12.

一半采纳了非洲国籍,而所调查对象的中国人只有4%采纳非洲国籍。对此,印度认为这基本上将是件好事,它为建立长久的印非关系提供了一个很强的基础。①

3. 印度与中国在非洲利益竞争的主要方面及表现形式

应看到中印在对非关系上既有许多共同点,也有不少分歧。印度对中国的严重"防范"心态,影响了印度对中非关系的态度,边界谈判难以推进。

(1) 印非经济合作面临落后于中国的危险

冷战期间,印度积极支持非洲反对殖民主义和种族主义斗争,是亚非团结、南南合作的重要倡导力量。不过,就实质意义而言,非洲在印度国家战略中的地位有限,其主因在于此期间印度专注于周边事务,执行封闭式经济模式。两极格局结束后,印度推动经济自由化改革,重视发展对外贸易。21世纪以来,面对中非合作的快速深入,及出于开拓市场、寻求能源供应多样化等方面考量,印度表示要重振与非洲大陆的纽带,加快对非合作步伐。继2002年推出"聚焦非洲"计划、2007年召开首次印非能源会议后,2008年、2011年印度召开两次印度非洲论坛峰会。2010—

---

① Rahul Sharma, "Stay on the Safari Course", *Hindustan Times*, Delhi Wednesday, April 9, 2008, p. 12.

2014年，印度对非洲的出口和进口贸易量分别增长93%、28%，非洲在印度出口总额中所占份额从8.1%增加到10.9%。同期，印度在非洲的直接投资存量由119亿美元增至152亿美元，非洲国家在印度的投资存量则从570亿美元增加到733亿美元，其间，非洲对印投资存量占外国对印度投资存量总额的约23%，而印度对非投资存量占非洲吸引外资存量的16%。[1]

印度对中非经贸关系的发展可能给其带来的冲击表示一定的焦虑。在印度看来，中国对非贸易的规模在1999年时还小于印度，2000年中国、印度与非洲的贸易量几乎持平。不过，继2000年中非合作论坛成立以来，中非经贸增长快速。2004年中国对非洲的贸易跃升至550亿美元，超过印度的300亿美元。非洲对华出口在1999—2004年飙升48%，而对印度的出口增幅仅为14%。2006年中非的贸易额总量达555亿美元，比印非近250亿美元的贸易量多50%。[2] 中国对非的正式投资为80亿美元左右，是印度的4倍。[3] 正

---

[1] Confederation of Indian Industry, "Deepening Africa India Trade and Investment Partnership", https：//cc. xilesou. 287865. com/search？q = DEEPENING + AFRICA-INDIA + TRADE + AND + INVESTM + PARTNERSHIP.

[2] 参见《联合早报》有关整理，http：//www. zaobao. com/special/feature/pages/feature080330. shtml。

[3] Chietigj Bajpaee, The Indian Elephant Returns to Africa, December 10, 2008, http：//www. atimes. com/atimes/South_ Asia/JD25Df03. html.

因为如此,时任印度商业部国务部长的拉梅什声称"中国人把我们远远甩在后面"。① 到 2009 年,中国成为非洲最大的贸易伙伴,该年中非贸易达 909.7 亿美元,约为印非贸易的 2.7 倍。印度担忧"一带一路"倡议将有助于中国对非洲地区的投资,并进而蚕食印度在非洲的市场份额。究其原因,在于中国将埃及、肯尼亚、突尼斯、摩洛哥等东北非国家视为"一带一路"沿线的重要节点,而这些国家亦被印度视为在非洲的主要贸易伙伴。2002—2012 年,肯尼亚、埃及是印度在非洲的第二大、第三大出口贸易伙伴,其间,印度对肯尼亚的出口从 2.4 亿美元增加到近 40 亿美元,对埃及出口则由 2.99 亿美元升至 30 亿美元。此外,2012—2013 年,埃及对印度出口占非洲对印度出口贸易量的 6%,是印度在非洲的第四大进口贸易伙伴。②

(2) 印度认为其能源部门在非洲面临来自中国的压力

截至 2005 年,印度石油供应的 70% 靠进口。而能源进口的 65% 来自动荡的中东。印度希望能源丰富的非洲(非洲已探明的石油储量约为 1000 亿桶,占世界

---

① "Inia Follows China's Path in Africa", Financial Times, http://www.ft.com/content/b077db20-057t-11dd-a9eo-0000779fd2ac.

② Olayinka Idowu Kareem, "The Trade Effects of Africa-India Trade Agreements", Journal of Asian and African Studies, Vol. 52, No. 7, 2017, p. 1026.

总储量的9%①）成为可替代的石油供应地。但印度认为，尽管2003年遭到在大尼罗河石油项目拥有40%股权的中国石油天然气集团公司（CNPC）的抵制，印度石油天然气公司（ONGC）的子公司奥维尔（OvL）还是获得了其中25%的股权。② 2004年，印度石油天然气公司（ONGC）在安哥拉的一个石油区块的招标中最后失败，印度认为这是因为它提出的为发展安哥拉基础设施而提供的2亿美元援助，不能与中国进出口银行为了一系列的基础设施，而向安哥拉提供的庞大的20亿美元相竞争等。③ 2014年，印度非洲贸易达750亿美元，印度就此超过美国，成为仅次于欧盟、中国的非洲第三大贸易伙伴，而印度原油消费量的16%（3200万公吨）由非洲进口，④为印度第四大能源进口来源地。不过，印度担心中国会在继吉布提之后，在非洲其他国家建立更多的军事基地，进而对2031—2032年石油对外依存度将高达90%的

---

① Ruchita Beri, "Africa's Energy Potential: Prospects for India", http://www.idsa.in/publications/strategic-analysis/2005/jul/Ruchita.pdf.

② "Parthapratim Pal, Surge in Indian Outbound FDI to Africa: An Emerging Pattern in Globalization?", http://www.iimcal.ac.in/research/download/OFDI_Partha-pal.pdf.

③ Alex Vines, Editorial, *South African Journal of International Affairs*, Vol. 14, Issue 2, Winter/Spring 2007, p10.

④ 王道征：《印日"亚非增长走廊"构建与前景》，《印度洋经济体研究》2017年第5期。

印度,① 构成实质性挑战。

(3) 印度海军战略面临中国的挑战

独立以来,印度注重非洲的地缘政治意义,视非洲为邻居,认为非洲局势与自身安全息息相关。印度尤其将印度洋视为自家"后院",为抗衡中国的重要战略优势,保持在印度洋的影响力、维持印度洋海上安全是维护国家战略利益所在。印度首任总理尼赫鲁就曾指出"尽管非洲与印度因印度洋而分开,但从一种意义上讲,非洲是我们的近邻"。② 20 世纪 90 年代中期以来,印度已开始实施一项重大计划,已建设"蓝水海军"。2004 年,印度出台《海军新作战学说》,制定了印度海军全面控制印度洋、东进太平洋、西出大西洋、南下非洲的远景目标。③ 但印度认为,通过在东非、塞舌尔、斯里兰卡、孟加拉国和缅甸的战略布局,中国正在实施所谓的"珍珠链"战略。印度海军参谋长苏雷什·梅赫塔认为,这条串上的每颗珍珠都是中国海军存在链条的一个环节,中国可能控制了世

---

① 谢晶仁、郑小鸣:《印度新能源发展的现状和做法及其对中国的启示》,《农业工程技术(新能源产业)》2013 年第 10 期。

② TG Ramamurthi, "Foundations of India' Africa Policy", *Africa Quarterly*, 1997, Vol. 37, No. 1&2, p. 30.

③ 《印度在非洲设军事基地影响中国石油航线安全》,新华网,2006 年 3 月 10 日,http://mil.news.sina.com.cn/2006 - 03 - 10/1034356234.html.

界的能源咽喉,①认为中国已经将印度"包围起来",印度应该与中国海军建设抢时间。新德里地面战争研究中心的谢鲁—特普利耶尔认为,"战斗的爆发点或许是在(中印)边界上,但任何战争的制胜点最终都会落到海上。如果想钳制中国,唯一的办法就是使用海军力量。"②

印度越发警惕"一带一路"倡议背景下中非海上安全合作的强化。印度反对中国涉足印度洋陆地边界和港口建设事宜,认为中国在斯里兰卡汉班托塔港、孟加拉国吉大港、缅甸实兑港等地的基础设施建设,是推动旨在对印度实行战略包围的"珍珠链"战略。印度海军前参谋长阿伦·普拉卡什上将宣称,"印度承受不起任何敌对或恶意势力对印度洋地区岛国的威胁"。③印度有专家认为,与中印在陆地面临的竞争不同,长期以来中印在海上的互动有限,且印度在印度洋明显持有优势。正因为如此,印度往往将中国与印度洋国家间正常的商贸互动,视为战略合作的推进。面对"一带一路"倡议下,

---

① 《中国援建斯里兰卡港口 外媒炒作欲挑拨中印关系》,《环球时报》2008年9月3日,http://news.163.com/08/0903/14/4KU2PIOU0001124J.html.

② 《英报:印度盯上中国海上石油运输线企图钳制中国》,《环球时报》2008年9月16日,http://news.163.com/08/0916/10/4LV4R3RH0001121M.html.

③ 同上。

中国与"一带一路"相关国家经贸合作的发展，印度担心原先的地缘战略优势在消失，认为仅 2017 年上半年，中国公司就宣布收购或投资 9 个海外港口，其中 5 个在印度洋。① 印度认为中国日渐注重以经济存在的方式来推进其战略利益，指出凭借"海上丝绸之路"路线建设，中国舰船可跨过印度洋，将其航线同波斯湾、非洲和欧洲联系起来，通过中国—巴基斯坦经济走廊、建设巴基斯坦瓜达尔港等举措，中国将能进入印度洋战略位置重要的区域，很大程度上利于弥补中国面临的"马六甲"困局，迎合了中国能源安全进口的需要。印度担忧未来某个时候瓜达尔等港口变成继吉布提后中国又一海军基地，中国海军进而能够在印度洋保持永久存在，届时一旦中印发生冲突，印度军队将不得不面临两面战争。

值得一提的是，为对冲"一带一路"倡议，印度希望构建以印度为主体的区域合作，推进印度经济与地缘政治利益。印度总理莫迪在上台伊始就提出"邻国优先"政策，并将先前印度执行的"向东看"政策调整为"向东行动"政策。2015 年，印度推出海洋战略文件《确保安全的海洋：印度海上安全战略》，该

---

① Michael J. Green, "China's Maritime Silk Road, Strategic and Economic Implications for the Indo-Pacific Region", March 21, 2018, https://www.csis.org/analysis/chinas-maritime-silk-road.

文件认为观察全球和地区地缘战略环境的视野已经从欧洲—大西洋转向印太，这种变化对印度海上安全产生切实影响。① 与2007年发布的印度海洋战略相比，2015的新版海洋战略拓展了印度海上战略利益关注的地理范围，将东、西印度洋与红海作为印度海上聚焦的首要区域，将非洲西海岸、地中海和其他基于印度海外侨民、海外投资和政治原因考虑的利益区域，视为海上安全利益的第二重要区域。② 总体而言，新战略文件突出印度三个方面的主要议程：一是在外交友好的国家寻求港口建设；二是增加在地区战略重要地点的存在；三是构建利益区域的新轮廓、拓展东向行动和连接西向政策。③

（4）印度在第三世界的影响力面临中国的冲击

非洲是第三世界国家最集中的大陆，印度认为其在非洲的外交攻势远不如中国，担心中非关系的深入，影响其在第三世界的影响力。以南非为例，中国与南非战略伙伴关系，不但巩固中国在南非的落脚点，且利于中国加强在南部非洲的地位；而南非加入金砖国

---

① 楼春豪：《美印防务合作新态势评估》，《国际问题研究》2017年第1期。

② 刘红良、吴波：《印度作为净安全提供者的观念、现实及制约》，《南亚研究》2017年第2期。

③ Luciane Noronha M. de Oliveira, "Reshaping India's Blue Economy Imperative-Analysis", May 6, 2017, http://www.eurasiareview.com/05062017-reshaping-indias-blue-economy-imperative-analysis/.

家合作机制（BRICS），将在地理政治与意识形态上对印度构成挑战，中国主导且经济影响更强的 BRICS 将促使南非在战略上向中国靠拢，使印度—巴西—南非对话论坛（IBSA）变得无关紧要。冷战期间，在"不结盟运动"和万隆精神的指引下，印度以第三世界的"领袖"自居。非洲国家在"不结盟"力量中扮演重要角色。随着中印同时迅速地崛起，稍逊一筹的印度指望非洲能给予支持，赞同其成为联合国安理会常任理事国的成员，与中国争夺亚洲、发展中国家和世界舞台上的领导权。

（5）印度对中国在非洲活动的态度存在一定的偏见

当前，印度一些官员迄今难以忘怀中印边界争端中失败的记忆，他们往往戴着有色眼镜，对中非关系持负面看法。印度前外交国务部长阿南德·夏尔马（Anand Sharma）认为印非关系是独特的，反对与中国对非洲的重商主义态度相比较，[①] 认为"印度参与非洲的第一原则不同于中国，中国采取了走出去的战略，利用自然资源，印度的战略是走出去，增加价值。"[②] 印度前驻南非大使苏瑞（Navdeep Suri）认为中国在非

---

① "Africa Summit to Begin in Delhi Today", *Business Line*, Delhi Tuesday 08 April 2008, p. 10.

② Chietigj Bajpaee, "The Indian Elephant Returns to Africa", *South Asia*, Apr 25, 2008, http：//www.atimes.com/atimes/South_Asia/JD25Df03.html.

洲工会中已经引起不良的影响，成为赞比亚选举中所关注的议题。印度副总统哈米德·安萨里表示印度私人企业将在国家工业发展中扮演重大角色，推动非洲就业，而非从国内引进劳动力。

受此影响，印度媒体对中非关系的报道往往充斥着误解。其一，指责中国对非务实与互利经贸合作。认为印度在对非关系中关注民主、治理与人权理念，对许多非洲国家来说，印度是旨在促进当地经济有关私人和公共部门的合作，而中国更加重视经济自由，忽视政治自由，是攫取资源，更甚是一个"殖民主义者"力量。[①] 其二，诋毁中国对非援助。强调印度侧重支持非洲发展能力的建造，区别于中国在非洲大规模涉足的基础设施、油气和矿物资源项目，甚至认为仅凭借高质量的基础设施对非洲而言是不够的，非洲需要的是工作，而这是印度服务领域的企业所能提供的。其三，扩大中国企业在非洲责任的缺失。认为印度企业的民主管理程序，利于其在非洲长期注重社会责任，中国从国内引进劳动力，在非洲建造基础设施，而不顾非洲失业率居高不下的困境。其四，忧虑"一带一路"倡议冲击印度在非洲的"主场优势"。非洲在印度外交与发展中的地位日渐上升。印度与非洲的

---

① Rahul Sharma, "Stay on the Safari Course", *Hindustan Times*, April 9, 2008, p. 12.

联系已有数个世纪之久,在近代,印度非洲同为西方大国殖民地,两地人文联系日趋密切。不过,印度认为中国的"一带一路"倡议强调人文交流与民心相通,随着该倡议的推进,中国与沿线国家的人员联系会更加密切,印度认为这将冲击其与环印度洋国家间存在的跨越数百年的文化纽带。值得一提的是,"一带一路"倡议支持下在肯尼亚修建的蒙内铁路,取代了一个世纪前英国殖民时期由印度劳工修建的铁路。[1] 印度由此担心其可能失去在东非国家长期持有的"主场优势"。

(二)影响中印在非洲利益关系的基本因素

历史与现实的实践证明,利益是影响国家间关系的主要因素。中国与印度在非洲的利益关系概莫能外。中国印度在维护非洲国家独立,加强对非经贸合作,维护第三世界国家权益,倡导国际政治经济新秩序方面存在诸多共识。不仅如此,随着中印政治互信的增强,中国印度在涉非议程上的合作有望

---

[1] Rajiv Golla, "As China ups Game in East Africa, India Tries to Guard 'Home Advantage'", August 28, 2017, https://www.csmonitor.com/World/2017/0828/As-China-ups-game-in-East-Africa-India-tries-to-guard-home-advantage, 2017-09-01.

获得持续深入。

1. 印度与中国战略关系对双方在非洲关系的影响

冷战期间，出于共同的历史、对第三世界命运的认同，及维护国家独立的需要，中国印度视支持非洲国家反对殖民主义和种族主义的斗争为两国对非关系的主要内容。继1954年中印两国确定和平共处五项原则后，1955年，中印共同倡导在万隆召开的首次亚非会议。20世纪60年代，中国苏联关系恶化。1962年的中印边界战争中，苏联偏袒印度，然而非洲对印态度冷淡。之后，印度调整对非政策，改变对非洲"非暴力"斗争方式的强调，效仿中国，加大对非洲各种解放运动的军事与外交支持力度。继1964年1月11—16日访问加纳期间，中国总理周恩来提出中国对外援助八项原则后，同年9月15日，印度亦启动印度技术和经济合作计划（ITEC），开启对非洲等发展中国家推行经济外交。

冷战结束以来，中印面临的国际国内局势发生变化。苏联解体，美国成为唯一的超级大国，国际格局出现"一超多强"的局面。俄罗斯与印度签署新条约，删除明显针对中国和巴基斯坦的内容。为适应全球化的影响，中国继续其20世纪80年代前后开始的改革开放政策，视加强和发展与第三世界的团结合作为外交的基本立足点。印度于20世纪90年代起开启了以经济市场化、自由化、全球化和私有化为方向的改革，在发展大国外交的同时，重视发展与发展中国家的关系，主张在发展传统友谊的同时，重点发展对非洲国家在经济和技术方面的援助和支持。

2. 印度与中国在非洲关系的现状及其演化趋势

经济全球化使许多非洲国家处于被进一步边缘化的危险境地。非洲作为发展中国家最集中的大陆，都面临着保持长期稳定、发展民族经济和改善人民生活的共同任务；快速发展的印中等发展中大国在团结、友谊、合作的"万隆精神"的指导下，共同支持非洲，对于帮助非洲国家实现市场多样化、减少对发达国家的技术和资金的依赖，及推动南南合作具有重要的意义。

虽然从目前看，中印两国间的战略互信仍显脆弱。但在过去的十几年中，两国关系的大局比较稳定，交流与合作不断拓展和加深。中印两国都将和平看作是加速发展最基本的国际条件，视对方的崛起为战略机遇。尽管双方在边界问题上存在着大规模的领土争议并不时出现一些摩擦，但印度政府和绝大多数政党对中国的认知是理性的，他们希望同中国发展良好的睦邻关系。

当前，印度对华政策的基本原则是："基于相互信任和相互尊重的原则，与中国就彼此的利益和共同关心的问题展开合作"。2006年，中印发表《联合宣言》，指出中印不是对手或竞争对手，而是互利合作的伙伴，两国有足够空间实现更大规模的共同发展，在地区和国际事务中发挥各自的作用，同时关注彼此的关切和希望。2011年，中国印度举行首次战略经济对话，寻求扩大和深化两国利益的汇合点，推动各领域合作。2012年12月，中印双方就边界问题解决框架的讨论情况进行梳理总结，达成有关共识。双方坚持解决边界问题的政治指导原则，以两国关系大局为重，从政治角度出发，本着和平友好、平等协商、互相尊重、互相谅解的精神加紧工作，进一步缩小分歧，寻求一个共同的边界问题解决框架。这为中印在涉非问题上的磋商与协作创造可能。2014年，中国国家主席习近平访问印度期间，两国同意致力于边界和平与稳定，并签署一系列关于加强贸易、投资、铁路等领域合作的协定。中国总理李克强也强调中国印度应从亚洲乃至全球的角度看待两国关系，增加相互战略互信，双方不应成为竞争对手，而应成为重要合作伙伴。2018年，印度总理莫迪表示中印需加强接触，建立"信任与合作的长城"，而中国驻印度大使罗照辉亦指出印度的"向东行动"政策需要与中国的"一带一路"倡议协同实施。

值得关注的是，中国印度是主要新兴经济体，是金砖国家合作机制的重要推动力量。2013年，金砖国家第五次首脑会议在南非召开，其间，与会领导人围绕"金砖国家与非洲：致力于发展、一体化和工业化的伙伴关系"的主题，首次将峰会议程聚焦于非洲发展所需的一体化与工业化等优先战略，讨论金砖国家伙伴关系与非洲整合等议程。这在一定程度上为金砖国家强化与非洲合作设定了框架。不仅如此，金砖国家还同非洲国家领导人举行以"释放非洲潜力：金砖国家和非洲在基础设施领域合作"为主题的对话会，就金砖国家参与非洲基础设施建设等议题展开交流。峰会颁布的《德班宣言》，明确指出金砖国家将在"非洲发展新伙伴计划"框架下，通过鼓励外国直接投资、知识交流、能力建设以及与非洲贸易的多样化，支持非洲国家工业化进程。针对2018年第十次金砖国家峰会前夕因中国印度领导人所访非洲国家的重叠，而引发舆论对两国在非加剧竞争态势的猜疑，中国外交部表示希望在两国领导人共识的基础上，积极探索"中印+1"或"中印+X"的合作模式，以实现中印和其他国家的互利共赢。[①]

---

① Asif Aziz, "China-India-Plus-One Could See OBOR and The AAGC Converge in Africa", August 9, 2018, https://astutenews.com/2018/08/09/china-india-plus-one-could-see-obor-and-the-aagc-converge-in-africa/.

五　推动中印在非合作的政策建议

印非关系的发展，一方面昭示印度在对非关系上的优势，另一方面展示印度对非政策在印非关系上的助推效应。这对于中国未来深化对非政策，完善中非合作机制具有一定的启示意义。不仅如此，为顺应中国发展大局与中印关系逐步改善的契机，中国可与印度在涉非经贸、安全等相关议程上展开磋商与合作。

（一）重视印度对非政策对中非关系的借鉴意义

在分析印度和非洲关系以及中国印度与非洲关系一些异同的基础上，中国可以借鉴印度在非洲发展的一些思路和做法，推动中非关系进一步深化。

1. 加强与在非洲海外华人的联系

印度在独立以来对非洲的关注，是从关注在非印度裔人状况开始的，其关注的焦点从改善非洲印度裔人的不平等待遇，到冷战后印度视非洲印度裔人为两者合作的桥梁，是印度发展的借重力量。为发挥海外侨民的力量，印度设有独立的海外印度人事务部。印度强调相对于中国在非洲进行规模很大，且广受瞩目的基础设施与能源资源开发相比，印度在非洲更显"静悄悄"，相比华人，在非印度人大多融入非洲社会；成为印非深化经贸与政治合作的借重力量。

中国应加强与在非洲华人的联系。一是支持在非洲的华人融入当地社区。以南非华人为例，尽管华人在100多年前就来到南非，参与南非建设，但不论老侨、新侨、台胞，都不被南非的主流社会所广泛接纳。南非华人在当地企业中任高职可谓凤毛麟角。在教育方面，印度移民将子女送往南非当地教育机构，受教育程度普遍比中国移民高，而1998年后的华侨基本都是单枪匹马闯荡南非，子女教育更倾向于送回国内。二是支持在非洲的华人参与非洲的政治与经济进程。前往非洲的华人大多以经商为目的，极少抱有在非洲长久定居的想法，参与非洲政治选举，担任当地政府官员，与非洲国家经济建设议程协商的华人甚少，不易在中非关系中担任桥梁的角色。三是宣扬华人在传播中国文化和对非洲社会发展的贡献。在非洲的华人是展示中国文化的重要载体。随着中非关系的深入，更多的中国商人将在非洲投资，实现生产当地化，中国应注重机构设置与机制建设，借助华人的力量，拓展与非洲国家的文化交流，并积极维护非洲华人的安全与利益。

2. 加强与非洲国家的历史与文化交流

在印度看来，印非关系历史悠久，共同的殖民经历促使此种联系更趋密切，与中非关系相比，印非文化交流更具亲近感。印度文化对非洲的联系与影响深远，尽管印度对非经贸合作上无法与中国相比，但中国文化对非洲的影响甚微，很难在非洲大陆见到中国的影视作品。值得一提的是，文化交流往往成为印度深化对非关系的润滑剂。出于对种族隔离政策的不满，印度对南非白人政权实行外交、文化等领域的制裁。20世纪90年代初，白人政府对种族歧视政策有所缓解。随着1993年5月印度在约翰内斯堡文化中心的开幕，印度恢复与南非中断四十年的外交关系。此外，为协助每届印度非洲峰会的举办，印度都要邀请南非等非洲国家参加峰会期间推出的大型文艺活动。印度甚至认为与中国的"显性"投资（投资资源、石油与基础设施建设）不同，印度投资非洲的教育事业和培训机构建设，[1] 是属于长期的"隐形"项目，更加关注非洲大陆的前途，是印度对非外交关系的优势所在。

3. 拓展对非合作领域

中国与非洲的经贸合作过多集中在能源、资源领域，这将会对中非合作造成诸多的弊端。其一，增加中非经贸合作的成本。中国印度的迅速发展导致世界商品的价格上升很快，石油价格从2004年的每桶40美元升至2006年每桶超过70美元。2004年，印度和中国在竞标安哥拉油田开采合约中展开激烈竞争，中国被迫提供更优惠的条件才在最后一分钟与对方达成协议。2010年，中国金属和采矿业完成并购交易总额为128.4亿美元，同比大幅下降20%。其中，对外并购完成交易额为45亿美元，同比大幅下降55%，被印度的46亿美元超过。[2] 其二，不利于经济合作产生的利润广泛地惠及社会发展领域。致使非洲少数人士以及西方国家对中国到非洲的动机产生怀疑，这不利于

---

[1] Manish Chand, India to Set up 19 Training Institutes in Africa, http：//indiaafricaconnect. in/index. php？param＝news/1767/india-in-africa/117，2012－12－10.

[2] 《新兴市场全球抢资源，印度对外并购规模首超中国》，人民网，2011年3月30日，http：//www. chinanews. com/cj/2011/03－30/2939173. shtml.

中国的非洲外交政策。

为改善中国在非洲的形象,中国可借鉴印度,将对非合作的领域加以拓展。其一,将从偏重能源领域合作,向兼顾民生领域合作转变。中国可在主动参与2030年可持续发展议程的基础上,加强对非洲新能源、制药、减贫、水资源、农业等领域的合作与扶持。加强中非在发展理念和经验上的交流,展示中国发展模式与成功经验。其二,结合非洲国家经济发展现实,支持非洲国家进行符合其本土知识与技术状况的能力建设。非洲国民接受教育的程度普遍不高,中国可发挥自身在一些手工艺领域的优势,对非洲妇女等人群进行技能的培训,这些技能可能所包含的技术含量并不高,但却能帮助他们解决生计问题,缓解失业的困境。其三,加强与非洲在服务业与知识经济领域的合作,同时,减少向非洲出口技术含量低或质量欠佳的产品,降低中国商品对非洲市场的冲击。其四,中国应在帮助非洲创新发展道路上发挥建设性作用,选择重点合作国家和合作领域。印非经贸合作的历程表明非洲正在致力于经济发展的多元化,采掘业仍是非洲主要产业,但非洲制造业、生态农业与海洋经济潜力愈加受到重视。21世纪以来,西非国家经济共同体区域是非洲经济发展最具活力的地区,科特迪瓦、布基纳法索等国的发展增速尤为明显。此外,中非贸易已进入相互投资阶段，为减少纠纷，中非在法律法规制定、投资政策配套等方面的合作有待加强。

4. 重视对非关系中的道义与价值观因素

一个国家的外交政策的制定由本国国家利益决定，但同时本国的文化、价值观等软实力因素不可能不对本国外交政策产生重要影响，因此，外交政策又蕴含着该国文化和价值观的因素。印度自独立以来在尼赫鲁的引领下倡导不结盟为核心的"道义外交"，支持非殖民化，反对种族主义，联合发展中国家形成对抗美苏两极格局的"第三种力量"，提升印度在国际关系中的"道义"制高点。从印度的民生外交看，印度的对非援助、与非洲的经贸合作蕴含着甘地的人本主义思想，具有尊重人、重视人的发展的文化和价值观的元素，这符合非洲国家和社会的利益诉求，无疑具有巨大吸引力。

改革开放以来，中国的国家战略和外交政策转向务实可以说是一个巨大的进步。中国需要围绕和平与发展主题，通过国际责任与国际义务强化其政治的辐射力，确立人本主义价值理念在对非政策中的核心地位，通过文化外交、公共外交、民间外交的方式，通过多渠道的沟通、交流，增加非洲国家和社会对中国的价值观、文化以及外交政策的理解和认同。在未来中国对非援助上，中国尤其应注重援助的人文主义内涵，发挥并宣扬援助项目对非洲政局、社会发展与改善民生的重要意义。

（二）防范印非关系给中非合作带来的负面冲击

印度加强对非国家领域合作，与推动印度洋区域一体化新举措，一定程度上适应非洲国家致力于社会经济发展与地区稳定的需求。不过，印度的非洲政策是印度践行现实主义外交的体现，配合印度主宰印度洋、争取世界大国的总体国家战略。值得关注的是，在视中国为竞争对手，排斥或拒绝"一带一路"倡议的背景下，印度非洲关系的强化给中非合作的国际环境带来了一定负面影响。

1. 加剧"一带一路"倡议下中非合作面临的竞争

印度强化对非合作的方式、对象和领域，近乎是以中国为参照。就合作方式而言，正如"一带一路"倡议注重重新发掘古老海洋之路的价值，助推互联互通。印度自身发起的"季风计划"，及其在拒绝参加"一带一路"国际合作高峰论坛数周后，联合日本推出的"亚非增长走廊"计划，亦强调重现古航路与创建新的海上走廊，将贾姆纳加尔（古吉拉特）的港口与伊甸湾的吉布提连接起来,将蒙巴萨(肯尼亚)和桑给巴尔(坦桑尼亚)的港口与马杜赖(泰米尔纳德邦)附近的港口连接,加尔各答将与缅甸的实兑港相连。[①] 在合作伙伴方面,中国将肯尼亚、毛里求斯等视为对非合作的重要战略伙伴,而印度也加大对这些国家的外交攻势。印度总统科温德将毛里求斯视为进入印度洋和非洲的门户,认为毛里求斯是实现印度洋区域稳定、和平与繁荣的共同愿景的值得信赖的伙伴。2018年,中国国家主席习近平访问卢旺达、塞内加尔和毛里求斯,不过,就在习主席结束对卢旺达访问的两天后,莫迪接踵而至,成为访问卢旺达的首位印度总理。不仅如此,面对"一带一路"倡议下中非经贸、安全领域合作的深入,印度亦与特定非洲国家在这些领域展开针对性的合作。例如,在经贸上,2008—2016年,非洲获得印度对外直接投资(FDI)份额的21%,而这其中的95.7%是集中在毛里求斯。2007—2016年,印度在肯尼亚、坦桑尼亚的投资分别达21亿美元、8.29亿美元,分别占印度对东部非洲共同体投资份额的54.1%、21.7%,投资领域主要涉及能源、通信和制造业等部门。[②] 不仅如此,印度

---

① 王道征:《印日"亚非增长走廊"构建与前景》,《印度洋经济体研究》2017年第5期。

② Chakrabarty M., "India's Feeble Stakes in Africa", *DNA India*, February 20, 2018, http://www.dnaindia.com/analysis/column-india-s-feeble-stakes-in-africa–2586516.

还联合日本在肯尼亚发起医疗合作联合倡议，这是印度首次在医疗部门与外国伙伴在非洲启动此类合作举措。值得关注的是，继 2018 年中国召开首次中非防务和安全论坛会议后，印度宣布将在 2019 年 3 月举行首次为期十天的"印度非洲野战训练演习"，参演对象包括埃及、肯尼亚、赞比亚与尼日利亚等 12 个非洲国家，印度强调演习旨在推动印非在人道主义与和平行动方面的协调行动能力。①

2. 增加"一带一路"倡议下中非合作的舆论压力

印度对"一带一路"倡议下中非合作的负面感知，一定程度地间接迎合西方对中国的指责。在政治层面，2017 年 6 月，印度与美国发表联合声明，该声明指出两国"支持以透明方式发展基础设施，使用负责任的债务融资来增强区域经济互联互通，并遵守确保尊重主权和领土完整、法治和环境保护等原则。② 2018 年 10 月，

---

① "India Follows Chinese Footsteps in Africa With First Multi-Nation Military Drill ", *Sputnik News*, January 24, 2019, https://www.globalsecurity.org/wmd/library/news/india/2019/india – 190124 – sputnik 02.htm.

② Indian Ministry of External Affairs, "Joint Statement—United States and India: Prosperity Through Partnership ", June 27, 2017, http://www.mea.gov.in/bilateral-documents.htm? dtl/28560/Joint + Statement + + United + States + and + India + Prosperity + Through + Partnership. 2017 – 10 – 16.

印度总理莫迪与意大利总理孔戴一致同意扩大在两国国防、贸易、能源和基础设施等领域合作,两位领导人还强调,互联互通举措必须以国际公认的规范、法治和包容性为基础,这被舆论视为旨在针对中国"一带一路"倡议。① 在媒体层面,印度宣扬中国推动"一带一路"造成的"债务困境",认为正如2017年12月,斯里兰卡由于未能承诺支付数十亿美元的贷款,而不得不将汉班托特租赁给中国99年,2018年,赞比亚因未及时还债导致中国获得该国的国际机场,肯尼亚也可能因修建蒙巴萨—内罗毕标准轨距铁路,拖欠中国银行22亿美元,而将蒙巴萨出租给中国。②

3. 不利于非洲对"一带一路"互联互通项目合作模式的信心

印度致力于打造不同于中国的"互联互通"模式。2017年1月的中国共产党第十九次全国代表大会上,习近平总书记表示中国特色的社会主义已经进入新时代,认为这是希望在保持独立的同时,为加快

---

① "India, Italy Resolve To Expand Defence, Trade Ties", *Press Trust of India*, October 31, 2018.
② Dipanjan Roy Chaudhury, "India Keeps a Close Watch on Kenya as It Falls under China's Debt Trap", https://economictimes.indiatimes.com/news/politics-and-nation/india-keeps-a-close-watch-on-kenya-as-it-falls-under-chinas-debt-trap/articleshow/67224761.cms. 2019-03-01.

发展的其他国家提供了一个新的选择。不过，有印度舆论认为这种新选择存有疑虑，而为回应舆论对印度拒绝参加中国发起的首届"一带一路"国际合作峰会的质疑，印度外交部发表声明须遵循避免不可持续的债务、考虑环境保护、项目成本评估透明，以及保证向当地社区转让技能和技术、尊重主权和领土完整等原则。2018年，印度总统科温德指出应以明智和人道、合作的方式开发海洋水和资源，强调印度对印度洋区域的愿景是在可持续、互利、有助于当地社区就业和福祉的发展方案中，开展相互合作。①

此外，2014年8月，印度莫迪总理借访问日本之机，强调共同的民主与价值观理念是两国关系的基础，表示将推动双方关系提升至"特殊全球战略伙伴关系"。正因为如此，对于印度推出的"季风计划"，及其与日本联合推出的"亚非增长走廊"计划，舆论普遍认为这些是旨在发起不同于中国的基础设施融资模式，是一项"一带一路"倡议的替代方案。除此之外，印度早在2010年就与日本确立每年两次的对非对话会议，协调双方与非洲社会经济合作。印度与美国已展开多期的印度—美国—非洲三边农业培训项

---

① Government of Mauritius, "Mauritius: President Rannath Kovind-Mauritius and India Have a Shared Destiny anf Future", March 12, 2018, http://allafrica.com/stories/201803120514.html.

目。2015年4月印度美国举行首次关于非洲协商会议与首次卫生对话会议。这提示中国企业在必要的时候,避免与印度公司在卫生、农业等领域展开激烈的竞争,减少不必要的成本。

4. 促使"一带一路"倡议下中非合作的安全环境更趋复杂化

印非防务战略合作有助于提升其在印太安全体系中的地位。2015年4月,印度与美国召开首次非洲事务磋商会议。9月,印度和澳大利亚首次举行双边海上联合军演。12月,印度日本同意将两国特殊战略性全球伙伴关系,提升为以行动为导向的更深入、范围更广的伙伴关系。日本还以永久性伙伴国的身份加入2015年美、印"马拉巴尔"联合军演。2016年6月,印美举行首届"海上安全对话"会议。印度与美、日、澳的三边合作得到深化。[1] 2018年,印度与阿联酋达成联合海军演习协议。该年3月,印度与法国签署《印度洋区域合作战略共同愿景》,允许印度舰船在吉布提等法国在印度洋地区的军事基地进行后勤补给,两国将向对方的军舰开放本国海军基地,莫迪总理称该协议至关重要,因为印度洋地区在未来将扮演

---

[1] 楼春豪:《美印防务合作新态势评估》,《国际问题研究》2017年第1期。

"非常重要的角色"。①

一定程度上讲,印度非洲防务合作,配合了美国的亚洲"再平衡"战略与"印太"战略。2015年1月,美国时任总统奥巴马访问印度,两国签署《亚太和印度洋地区的联合战略愿景》,文件声明捍卫亚太、印度洋地区海上安全和确保自由航行与飞行的重要性,特别是在南中国海。这表明在印度外交政策上的变化,此前印度不会直接在联合声明或其他申明中提及南中国海。2017年美国特朗普政府《国家安全战略报告》宣称,"大国竞争已经回归",强调中国、俄罗斯冲击印度—太平洋地区美国的力量、影响力和利益,认为中国的基础设施投资和贸易战略强化了其地缘政治愿望,表示美国欢迎印度崛起,印度是全球强国和强大的战略和国防合作伙伴。② 2017年11月,澳大利亚、印度、日本和美国在菲律宾东亚峰会期间举行印太问题高级官方磋商,四国强调"自由、开放、繁荣和包容"的印太地区符合该地区和整个世界各国的长远利益。这引发舆论对"四方对话"在中断

---

① 《法媒:法印签防务协议紧盯中国 印将可使用法吉布提基地》,参考消息网,2018年3月11日,http://www.cankaoxiaoxi.com/world/20180311/2258030.shtml。

② Congressional Research Service, "China-India Great Power Competition in the Indian Ocean Region: Issues for Congress", p.3. April 20, 2018, https://www.everycrsreport.com/reports/R45194.html#Content.

十年后正再次恢复的猜测。① 美国太平洋司令哈里斯上将认为中国在吉布提的军事基地，可支持中国向印度洋、地中海和非洲的投射力量。2018年，哈里斯在新德里一次会议上表示，中国是"印太地区的破坏性过渡力量"，强调两国必须有占领印太的愿意，以确保印太地区和印度洋保持自由、开放和繁荣，这需要志同道合的国家增强力量，并充分利用彼此间的协调能力。② 美国2018年版《国防战略报告》宣称中国短期内的目标是寻求印太地区霸权，并最终在未来取代美国，取得全球霸主地位，认为美国国防战略的优先事项是扩大印太联盟和伙伴关系，以实现"能够阻止侵略、维持稳定的网络安全架构"。③

（三）妥善处理中印在非利益分歧

为妥善处理中国印度在非洲的利益关系，须把握中国和印度对非洲政策，及这种政策下涵盖的两国利益诉求差异。为应对印度非洲深化合作可能带来的挑

---

① Michael J. Green, "China's Maritime Silk Road, Strategic and Economic Implications for the Indo-Pacific Region", March 14, 2018, https://www.csis.org/analysis/chinas-maritime-silk-road.
② S. Miglani, "China Is a Disruptive Force, US Pacific Military Chief Says", *Reuters*, January 18, 2018.
③ Congressional Research Service, op. cit, p. 4.

战，中国需在拓展中非合作领域与加强人文合作的基础上，进一步完善中非合作机制。总体而言，将来一段时间，中国印度在非洲的利益是合作多于对抗。两国可在减少分歧、相互信任的原则下，加强双方涉非经贸、安全、发展等议题方面的交流与合作。

1. 充实中非合作机制，缓解面临来自印度等国家带来的竞争压力

尽管平等互利都被中国印度视为作为对非政策的原则，但印度舆论仍误解中非关系。某种程度上说明在对非关系中，中国亦存在有待完善的方面：其一，中国没有形成一整套能够反映中国对外援助领域所取得成果，且符合中国特点，又能发挥较强影响力的对外宣传平台，常招致外界无理指责；而为增加透明度与提高效率，印度2012年成立官方发展援助机构——印度发展伙伴关系管理部（DPA）。中国亦可凭借2018年4月成立的国家国际发展合作署，改善对非援助的成效与形象。其二，在发挥中国政府的主体作用的同时，尚需挖掘其他的行为体。中国的跨国公司、各种的民间组织包括志愿者团体、学术团体、媒体等均可作为有效推行中国对非洲软实力外交的有生力量，对此，中国还需要在法律、政策上予以完善。在中央部际协调机制的基础上，加强职能部门、经营主体、行业组织和科研机构之

间的沟通与磋商。其三，加强与有区位优势、市场辐射力强的非洲国家的合作，并通过之构建与非洲次区域组织在外交与经贸等领域合作的互动机制。改变中国过去偏于双边接触的方针，为中国与非洲地区经济共同体建立关系采取更多的实质性措施，制定针对非洲的区域贸易政策。其四，加强与非洲在发展制度与政治体制上的沟通。在印度看来，尽管中非关系的影响与日俱增，但鲜有证据显示非洲在政治变革实践上效仿中国，中国并非视推动民主为外交政策的内容。而印度认为虽然其没有向非洲出口政治制度，但可向非洲发起"民主与人权"的道德主义外交说教，以微妙和间接的方式，向非洲出口优越于中国的政治制度。强调印度与南非、巴西等民主国家创建印度巴西南非对话论坛（IBSA）是很自然的。对此，中国应立场坚定地支持非洲国家以民主、人权、良政等因素为导向的政治发展进程，寻求中国与非洲在意识形态领域的相互认可。

2. 改善中国对非经贸合作

中国需在国内经济改革的推动下，完善经济结构与发展主体，深化中非经贸合作。其一，调整中国经济发展结构，拓展国内市场。当前，中国与非洲均面临调整经济结构和转变增长方式的发展任务。中国需借"十三五"期间，实施制造强国战略，支持战略性新兴产业发展，加快推动服务业优质高效发展之际，优化产业结构，重视发展服务业，提升服务业在国民经济中的比例，扩大金融、通信等服务行业在中国对外贸易中的比重，鼓励中国企业投资非洲劳动密集型产业或加工制造业，缓解非洲就业难的困境。与中国经济发展对出口贸易的依赖较重相比，印度国内消费的拉动是推动国家经济高速增长的首要因素。不像中国，在非洲拓展市场与获取资源的意图过于显眼。挖掘中国国内市场，减少对世界市场的依附，平衡中非贸易逆差，利于当地现代企业制度的建立，建立与非洲的长期经济伙伴关系，驳斥舆论对中国"新殖民主义"论的抨击，也有利于缓解国际经济衰退造成外需不足、贸易保护主义抬头，导致中国出口受阻的困境。其二，鼓励私人企业的发展。中国对外直接投资特别是并购以大型国企、央企为主力，优势固然突出，但中国企业的跨国并购却经常被认为背后体现的是中国政府的意志。容易使外界误以为中国对外商业行为是出于政治意图，而非市场经济利益的考量。中国应积极支持具有竞争力的大型国有企业或民营企业开拓市场的同时，为其参与国际竞争提供政策支持和符合市场规律的服务体系。其三，倡导企业社会责任。印度认为无力与中国竞争，认为他们不能与中国在资金上相比，但也没有中国的能被命令追求政府指令的国有公司，而不管其自己的收入。这从一个侧面说明中国有必要把人本主义的价值理念融入对非经济政策，将信誉和承担社会责任中的现实表现作为中国跨国企业进入非洲市场的硬性标准，并建立相关对跨国企业的监管机制。

3. 加强与非洲的人文联系

除了通过中非峰会机制，加强与非洲国家在政府层面的互动外交，中国还应扩大与非洲中下层人群的互动与沟通，以便为中非合作奠定更加广泛的合作基础。其一，增强对非洲教育与科技能力的扶持力度。为扩大中国对非援助的成效，提升中国在非软实力，中国可效仿印度，在确立常态化的中非经济技术合作机制的基础上，定期在中国、非洲、联合国常设机构等地举办"中非经济技术合作节、中非经济技术合作日"等活动，扩大中国与非洲分享发展经验的形象，保持与那些接受中国技术援助的非洲人员的长期互动与联系。其二，在企业层面，鼓励更多的中国企业涉足对非经贸，通过扩大在非洲市场的本地化战略，雇佣更多非洲当地人参与在非中国企业就业，加强与非洲社区与各阶层人士的沟通，真正融入非洲当地社会。通过塑造中国企业在非洲市场的品牌效应，使这些中国知名品牌成为中国在非洲的"符号"，拉近非洲消费者与中国的距离。其三，注重信息时代的网络平台建设，让非洲普通民众分享中国医疗卫生、远程教育等领域的成果，支持中国知名院校和医院与非洲同行建立网络合作平台。其四，在中国国民中宣传"中非合作"与"中非友谊"。随着中非经贸合作的深入，大批非洲人来华工作学习，中国应该通过宣传与教育，消除国民对非洲民众的误解，善待每一个在中国合法工作与学习的非洲人。

4. 探索中印在涉非经济领域的合作

中印在对非关系上亦存在合作的必要性。其一，中印在对非关系上的共性大于分歧。中国印度都有被殖民国家侵略的经历，面临减贫、反饥饿等任务，在支持非洲独立发展与非洲整合进程，在维护国际环境的和平与稳定上存在诸多共识。其二，一定程度上讲，中印对非合作的领域上存在一定的互补性。中国财力雄厚，在铁路建设等大型基础设施项目上具备丰富的经验，而印度在能力建设、培训、农业、信息和通信技术等具有一定的优势。其三，非洲发展的起步较晚，提供的空间广阔。印度工业联合会部分负责人认为非洲的机会很多，多到不存在印度与中国在非洲竞争的地步。尽管面对多方的压力，印度政府亦在印度非洲峰会期间极力回避与中国抗衡的话题。事实上，对于印度来说，在规模上和中国竞争显然不具有可行性。其四，非洲是西方国家，特别是欧洲的传统势力范围，不愿见到中印等新兴国家在非洲做大。与中国成为第二大经济体相伴随的是，中国外交领域面临的挑战愈加严峻。尽管西方主要大国在非洲的利益追求存在一定的差异，但几乎都对中国在非洲的发展态势保持高度警惕。西方国家部分人士更以保护非洲民主与人权为名，向非洲国家提出苛刻的投资标准，对中印不附带条件的对非援助横加指责。其五，中印对非合作总体上符合非洲的利益。受2008年国际金融危机等因素的冲击，世界主要经济体增长明显放缓甚至面临衰退，南非、津巴布韦等非洲国家日益将中国印度视为"向东看"政策的重要对象国，希望合作伙伴的多样化，推动千年发展目标的实现。

即使在较为敏感的能源领域，中印也存在合作的空间。中印的石油依存度都较高，从1993年开始，中国成为石油净进口国，石油对外依存度不断上升。1998年，中国对外石油依存度为18%，2004年接近41%，到2011年中国燃料进口已经超过日本，仅次于欧盟和美国，上升到世界第三位。值得关注的是，目前中国石油企业的竞争力不强，所能得到的油田不是已经被他国开采，就是高风险区或战乱区，面临西方跨国公司的阻碍，非洲最大几个石油生产国——尼日利亚、利比亚和安哥拉的大部分石油生产被西方石油公司控制。非洲石油已占到中国进口总量的1/3，且为在2020年前实现全面小康社会的目标，中国势必持续推进工业化、城镇化和农业现代化进程，对进口燃料和矿产品的需求巨大，预计到2020年中国对外石油依存度将超过60%。[1] 因此，能源矿产领域仍旧是中国非洲经贸合作的重点领域，非洲作为中国战略资源来源地的地位将愈加显现。21世纪以来，"中国因素"成为促使世界主要国家加大对非洲关注和投入力度的一个重要因素，但反过来，随着非洲国际地位的回升和对外交往的选择余地的增大，也加大了其与中国进行讨价还价的筹码。[2] 中印在非洲能源上的合作，一方面有利于增加信任、减少恶性竞争；另一方面，也利于减轻中国面临来自西方、印度等国的舆论压力。

5. 加强"一带一路"倡议下中印在非合作协商

互联互通、自由贸易是经济全球化时代的重要趋势，尽管短时期内，印度总体上对"一带一路"倡议的质疑心态难以改观，但印度不可能对"一带一路"倡议

---

[1] 于民：《非洲石油经济依附性发展与中国石油市场开拓》，《学术论坛》2007年第7期。
[2] 张宏明：《中非关系的发展环境与发展思路》，载张宏明主编《非洲发展报告：No.14：2011—2012》，社会科学文献出版社2012年版，第11页。

视而不见，中印在该倡议下亦存在加强协商合作的可行性。其因在于：其一，"亚非增长走廊"计划的前景难料。到目前为止，印度在确定、发起和实施区域互联互通方面的举措进程缓慢。印度一些人士指出自2017年印日提出"亚非增长走廊"计划以来，两国在东南亚国家和印度洋地区执行该计划存在延误，甚至认为该计划不足以减缓印度对"一带一路"倡议的担忧。值得一提的是，2017年，日本首相安倍晋三改变立场，表示愿就"一带一路"倡议进行有条件合作，甚至有日本政府相关人士透露，安倍晋三基本决定，将其本人提出的对外政策"自由开放的印度太平洋战略"与中国主导的"一带一路"倡议联系起来并加以推进，而中国对此表示欢迎。其二，符合国内经济发展诉求。印度自身经济基础设施不足，通过参与"一带一路"倡议，印度亦可以利用丝绸之路基金、中国国家开发银行等为该倡议提供的资金支持，或这些资金扶持下建设的基础设施，这利于印度创造国家经济活力，并且凭借经济互通的强化，拓展与非洲等地"一带一路"沿线国家的贸易，甚至利于印度影响巴基斯坦等邻国的国内议程，助于印度缓和与邻国关系、改善地区发展环境，及增加印度参与地区事务谈判的筹码。其三，利于提升印度在区域互联互通与对外合作中的形象。在印度战略思想家沙兰（Shyam Saran）看来，目前，印度既没有资源，也没有足够的政治和经济力量，构建具有竞争力的替代性互联互通网络，认为印度或许值得仔细评估"一带一路"倡议的组成部分，以改善印度与主要市场和资源的联通性。强调印度可以成为"一带一路"倡议的参与者，正如印度加入亚投行和金砖国家新开发银行。[①] 甚至有舆论认为随着参与"一带一路"倡议国家的增多，而印度仍旧选择不参与，则其将被视为是该倡议的破坏者。值得一提的是，2017年中国召开首次"一带一路"国际合作高峰论坛，包括非洲肯尼亚、埃及在内的29位国家元首、政府首脑，及联合国秘书长、红十字国际委员会主席等3位重要国际组织负责人应邀参会，对于印度的选择性缺席，印度一些观察家指责这是印度外交政策的最大失败，认为这将会导致印度出于孤立隔绝的境地，指出在印度的邻国都在通过"一带一路"倡议，加深与中国接触之际，印度没有理由对该倡议表示担心。[②]

不仅如此，中印在加强对非互联互通合作方面存在一定的优势。其一，非洲在基础设施等经济发展所需因素方面的缺口大。根据2018年非洲发展银行的

[①] Shyam Saran, "What China's One Belt and One Road Strategy Means for India, Asia and the World", October 9, 2015, http：//thewire. in/2015/10/09/what-chinas-one-belt-and-one-road-strategy-means-for-india-asia-and-the-world – 12532/.

[②] Manish Tewari, "OBOR is the Grandest Failure of Indian Foreign Policy", *The Indian Express*, May 17, 2017.

估计，非洲基础设施领域每年需1300亿—1700亿美元，但实际投入仅为930亿美元，资金缺口高达每年680亿—1080亿美元。2010年，非洲发电量仅占全球发电总量的4%，将近5亿非洲人至今没有用上电。电力短缺长期困扰30多个非洲国家。截至2018年，约有6.35亿非洲人仍然无法获得电源。非洲国家认为如果不采取有效措施，到2030年后无法获得电力的非洲人口还可能增加1亿。[①] 不仅如此，非洲年轻人口比例高，非洲城镇化与市场潜力巨大，到2050年，近12亿非洲人将处于工作年龄阶段。这意味着世界每四个工人中有一个将是非洲人。[②] 其二，中印对非基础设施领域合作具有一定互补性。相对印度而言，中国在基金支持力度、基础设施技术和经验等方面的优势较突出，据估计，中国将投资4万亿美元，以推动"一带一路"倡议下的互联互通项目。此外，从历史角度看，印度较为注重与非洲在文化、语言、教育体系等方面相对较强的优势，推动与非洲国家在人力资源等所谓"软基础设施"领域展开合作。自1964年，印度就发起针对第三世界国家的"印度技术经济合作计划"。印度也因此宣称自己一贯是非洲能

[①] 裴广江、苑基荣:《非盟能源部长会议 非洲谋求突破能源瓶颈》,《人民日报》2010年11月3日。

[②] "Africa Unbound", *Africa Quarterly*, Vol. 51, No. 3–4, 2011, p. 10.

力建设的支持力量，以凸显印非关系的独特性。印度甚至认为相对于中国对非洲的"显性投资"（铁路、港口等），印度更注重对非洲的"隐性投资"。不过，对非洲而言，中印在非洲的两类投资都是福音。其三，两国对非合作原则相近。中印是和平共处五项原则倡导国，致力于成为非洲国家的发展伙伴，反对附带条件的对外援助。中国"一带一路"倡议文件，强调将遵循《联合国宪章》的宗旨，遵守和平共处五项原则。正因为如此，对于中国国家主席习近平与印度总理莫迪对卢旺达的访问，卢旺达参议院议长贝尔纳·马库扎表示卢旺达可在互利的基础上，与中国印度发展关系不存在冲突，很容易在与两国关系上达成平衡。在2019年1月古吉拉特邦全球投资者峰会首次举办的"非洲日"上，乌干达外交国务部长奥凯洛表示，其实印度比中国更早踏上非洲大陆，但却忽视了对非洲的经营，而中国则抓住机会后发先至。认为非洲54个国家欢迎包括印度在内的任何国家来非开展合作，可如果印度继续抱怨中国在非洲的存在，总是将目光停留在过去，印度将失去非洲提供的机会，即火车将离开，而印度将继续被困在铁路平台上。[1]

---

[1] Avinash Nair, "As China's Influence Increases in Africa, Uganda Minister to India: Don't Lament, Come Reclaim Space", *The Indian Express*, January 20, 2019.

6. 加强与印度在涉非安全与防务领域的磋商

就安全利益与历史情感而言，印度视印度洋为自己的后院。印度在一千多年前就与印度洋国家发生联系，印度通过在双边、多边等框架下，逐渐形成完善的印度洋战略，加强了与非洲国家在军事与安全领域的合作。而当前中国与非洲国家关系日趋密切，对印度在环印度洋国家的战略利益构成直接挑战。中国与非洲国家经济合作的多样化，有利于中国开拓环印度洋非洲国家的市场，影响这些国家的战略取向，冲淡印度在该地区的战略影响力，冲击印度能源安全。在地缘战略层面，非洲与中国相距甚远，中国将周边视为外交的战略重心。尽管中国已经是非洲的最大贸易伙伴，但从中国的战略布局来看，中国对非洲国家的利益交汇点更多是在经济方面，而不是军事和政治领域。与印度加强非洲在政治、经济、文化与军事安全等领域的合作几乎齐头并进相比，中国作为非洲最大的贸易伙伴，在加强与非洲防务合作方面已呈一定程度的滞后态势。中国应从捍卫自身"利益边疆"，保障在非利益的角度，在积极参与对非维和行动、打击索马里海盗等举措的基础上，加快与非洲国家的安全合作步伐。

中国应制定明确的印度洋战略，以2019年首次中非和平安全论坛为契机，加强与非洲国家的互信合作，积极构建与非洲国家形式多样的安全合作机制，推进该区域防务力量的稳定与平衡，为中非合作提供保障。

当然，我们也应该认识到，随着中印国力的增强，及与世界各国经济联系日趋密切，两国的影响力已超越了国家的、地区的疆界。中国之走向印度洋与印度之走向太平洋，是两国崛起为世界强国的进程中势所必至、理所当然的。中国可在环印度洋地区合作联盟、金砖国家合作机制等框架下，探索加强与印度在战略层面的沟通，减少误解。其因在于：一是出于追求"大国梦"、牵制中国等因素的考量，印度更是加快推行"东向政策"，这在很大程度上日渐与美国的重返亚太战略相吻合，印度因此在一定程度上被纳入美国主导的亚洲安全体系中。2011年年初，日本决定参加原先由美印主导的"马拉巴尔"联合演习。同年7月，时任美国国务卿希拉里·克林顿访问印度，称："现在该是领导的时刻了。印度不应该只是"向东看"，而应该有所行动。"[①] 同年12月，美国、日本、印度政府在华盛顿举行围绕亚太地区问题，尤其是海上安全的首次三方会谈。2012年6月9日，日本海上自卫队与印度海军在神奈川县附近相模湾举行首次联合海上演

[①] 吕昭义：《陷入政治经济困境中的印度（2011—2012）》，载吕昭义、陈利君编《印度蓝皮书：印度国情报告（2011—2012）》，社会科学文献出版社2012年版，第19页。

习。之后，印度海军参加美国主导的"环太平洋—2012"多国联合海上军事演习，其中印度、菲律宾等国是首次参演。2014年5月起执掌印度政坛的莫迪政府更是明确提出"向东行动"的口号，加强与日本、越南等国的军事与战略合作，介入南中国海争端。二是印度在对美安全与防务合作上保持一定的谨慎态度。印度迄今抱怨美国在1971年的印巴战争中，将"企业号"航空母舰驶入印度洋援助巴基斯坦的行径。印度历来主张自己是多极世界中的一极，将美军在迪戈加西亚群岛的军事存在视为对印度国家安全的威胁。而在美国霸权主义的思维下，绝不允许任何国家单独控制某个大洋。印美因此在印度洋的控制权上具有不可调和的矛盾，这同时在一定程度上为中印在环印度洋安全上的合作提供可能性。三是未来国际格局的重心将在亚太地区，加强中印沟通，同时坚持"以我为主"的方针，加强与巴基斯坦的传统友谊，推动中非安全合作，有利于扩大中国的战略与防务空间，扩大中国安全合作回旋余地，缓解中国周边压力。

就安全合作的路径而言，中印不仅可凭借中印海上合作对话等平台，也可以中国—印度—非洲国家三方或其他多边层面，就各自关切的议题展开定期沟通，增加共识，减少误判，还可以尝试在非传统安全领域、支持非洲军事能力建设等方面着手，逐步深化两国在非安全互信。其主因有二：一是就安全合作内容而言，印度与非洲安全合作既包括传统安全，还包括自然灾害、海洋资源和环境问题等非传统安全议题。中国也希望与非洲国家在安全上守望相助，强调中国在非洲吉布提建立首个海外军事基地，目的在于更好地履行起在亚丁湾、索马里海域护航以及开展人道主义救援等国际义务。从非洲传统安全入手，加强中印在此问题上的协商，有利于增加两国互信。二是非洲国家普遍海军能力不足，有意寻求区域力量协助维持海洋秩序，以应对安全挑战。尽管南非海军在南部非洲乃至撒哈拉以南地区是首屈一指，但南非海军资源严重欠缺。2010年，南非海军总司令雷菲洛·穆迪穆中将，甚至对海军有效"巡逻"和保护"南非领海"的能力表示忧虑。中印可在《2050年非洲海洋整体战略》框架内，共同参与非洲海事安全议程，支持非洲海洋经济发展。

7. 注重中国对非长期合作

21世纪第二个十年即将结束，放眼未来二十年，中非合作的战略目标应该是在世界多极化的发展过程中，通过包括中非合作在内的多边合作，促进世界经济朝着更合理、更包容的方向发展，提升发展中国家在世界经济中的整体实力，共享全球经济发展的利益，促进国际关系民主化。鉴于此，中国与非洲的经济合作应着眼于可持续的长远发展，有机融入非洲的工业化和现代化进程，切实促进共同发展。

世界银行认为非洲可能处于经济起飞的边缘，犹如30年前的中国与20年前的印度。[①] 中国应致力于推动中非合作机制的可持续发展，增强自身的能力建设，深化中非贸易合作机制，克服发展对非关系中的短视行为，扩大中非民间交往，让非洲国家更好地了解中国和中国在非企业。同时，支持中国企业在非洲的长期可持续发展战略，提高企业产品质量，加强与媒体互动，参与当地社会的公益事业，与非洲形成命运共同体。[②]

中国印度等金砖国家的崛起为非洲国家的发展提供借鉴与多样化选择。有舆论认为首次印度非洲峰会的召开说明非洲国家对"印度模式"的认同，与西方国家发展模式相比，非洲国家更加认同印民主同发展中国家的有机结合。印度官方也强调印度对非政策与关系的独特性。

从长期看，中国非洲关系的持续发展有赖于中国自身发展道路状况，以及中国对非政策的可行性。冷战思维仍旧是西方客观对待中国与非洲发展关系的障

[①] Vishwanath, "Ready for the African Safari, Business Standard", January 20, 2011, http://www.mea.gov.in/mystart.php?id=100517080.

[②] 杨立华等：《中国与非洲经贸合作发展总体战略研究》，中国社会科学出版社2013年版，第302页。

碍,特别是针对中国国有企业的遏制策略,不断翻新,断言中国模式扭曲竞争。西方的围堵和挤压、加上印度等新兴大国猜忌,使得中国增强自身竞争力的问题更加迫切。根据世界经济论坛发布的《2012—2013年全球竞争力报告》,印度的教育体系质量排名第34位,高于中国的第57位,在数学和科学教育质量方面,印度的优势尤为突出,排名第30位,而中国为第33位,在科学家和工程师的可用性方面,印度排名第16位,遥遥领先于中国的第46位。[1] 印度独立以来,一些具有悠久历史的私营财团在既有的基础上继续发展,并有效地建立现代企业制度,形成了较高的管理水平。据瑞士洛桑管理学院的国际竞争力报告,中国的发展竞争力排名超过印度,但是企业竞争力却落后于印度。[2]

---

[1] 孙士海:《印度崛起的态势与面临的挑战》,载吕昭义主编《印度国情报告(2012—2013)》,社会科学文献出版社2014年版,第287页。

[2] 马加力:《印度的经济发展与中印关系,印度国情报告(2012—2013)》,载吕昭义主编《印度国情报告(2012—2013)》,社会科学文献出版社2014年版,第306页。

总　　结

　　受民族情感、地缘政治等因素的考量，印度较早就对非洲局势表示关切，并在倡导在非海外印度人权益、支持非洲民族解放方面扮演积极的角色。但鉴于国家实力、印巴矛盾等因素的羁绊，在较长时间里印度在非洲的伙伴国主要局限于英联邦国家。冷战后，印度在深化与东南非国家经贸合作空间的同时，加大对西非国家的外交与援助力度，推动能源进口多元化，以适应国内经济快速发展的需求。面对新时期非洲在国际政治经济影响力的提升，及中国美国等世界大国与非洲关系的深入发展，印度召开印非合作论坛峰会，确立与全非洲国家定期互动机制。

　　莫迪政府在大周边外交的理念下，重视与肯尼亚南非等环印度洋远邻的合作，注重在原有印非经贸关系的基础上，进一步深化印非经济合作空间，加强与非洲在制造业、海洋经济、新能源等领域的合作潜力，并以非洲《2063发展议程》为蓝本，参与非洲一体化与工业化进程。不仅如此，印度重视发挥在非洲海外印度人的桥梁优势，巩固印非互动的文化纽带，推动印非间区域合作与整合。出于对气候变化、恐怖主义等威胁的担忧，印非安全合作有望获得持续深入。

本报告认为作为新兴经济体，印度在非洲的影响力不容忽视。大量海外印度人居住在东南非环印度洋地区国家，被印度纳入提升软实力、拓展对外经贸合作的依靠力量。印度与西非国家的能源合作日趋密切，是尼日利亚最大的石油出口目的地。印度是在联合国框架下，参与非洲维和的重要力量。通过参与非洲市场、支持非洲能力建设，印度在信息技术、卫生等领域的优势，已经广为非洲国家所认知，印度推动联合国安理会改革的呼吁，得到越来越多的非洲国家的响应。

印度在对非关系中，通过联系海外印度人，注重拓展文化与道义因素，参与民生项目，从而提升其在非影响力的做法，值得中国借鉴。不过，鉴于中印安全需求、经济结构等方面的差异，印度对中非关系持续发展表示一定的警惕与不安。对此，中国应直面在对非关系上面临来自印度等国的压力，增强国家综合国力，加强自身机构与机制建设，为中非合作注入新的活力，推动中非关系的不断深入。中国未来一方面要加强中非文化交流,增强中非政治互信,优化中非合作机制与经贸互动结构,推动中非经济合作可持续发展。另一方面,为缓解中国对非关系中面临的压力,减少中非合作的风险,中国可在中印互信的基础上,加强中印在涉非能源、安全、互联互通等方面的互动与磋商。

  总体而言,印度非洲关系的深入,既是新时期南南合作日渐加强的体现,也是新兴国家在国际舞台发言权增强的展示。这对于中国加强与第三世界的关系,以及维护自身外交与安全战略利益无疑会产生一定的影响。中国可在深化与非洲国家联系,支持发展中国家权益,维护公平公正的国际政治经济秩序上,加强与印度沟通与协商。

参考文献

1. 中文参考文献

冯志伟：《1948—1952年杜鲁门政府对南非种族隔离制度的"中间道路"政策初探》，《历史》2010年第4期。

［德］德特马尔·罗德蒙德：《读懂印度的第一本书》，贾宏亮译，中国铁道出版社2013年版。

沈德昌：《试析冷战后印度对非洲的外交政策》，《南亚研究季刊》2008年第3期。

刘宗义：《印度对非洲政策的演变及其特点》，《西亚非洲》2009年第3期。

陈继东主编：《当代印度对外关系研究》，四川出版集团·巴蜀书社2005年版。

［印度］尼赫鲁：《印度的发现》，齐文译，徐波审译，世界知识出版社1956年版。

余潇枫等主编：《中国非传统安全研究报告（2014—

2015)》,社会科学文献出版社2015年版。

中国国际经济交流中心编:《国际经济分析与展望（2014—2015）》,社会科学文献出版社2015年版。

丁丽莉:《第二届印度—非洲论坛峰会评析》,载《国际资料信息》2011年第7期。

吕昭义主编:《印度国情报告（2012—2013）》,社会科学文献出版社2014年版。

徐国庆:《从印非峰会看印对非政策变化》,《亚非纵横》2008年第4期。

周杰:《全球金融危机对印度外向直接投资的影响》,《南亚研究季刊》2010年第1期。

石俊杰:《浅论印度的软实力》,《南亚研究季刊》2008年第4期。

郭瑞军:《印度独特魅力的外交形式——文化外交》,《湖南民族职业学院学报》2012年第3期。

任飞:《印度外交新态势:文化软实力的推进》,《南亚研究季刊》2009年第2期。

孙士海、江亦丽:《二战后南亚国家对外关系研究》,方志出版社2009年版。

赵随喜:《莫迪的改革与印度的未来》,《金融博览》2017年第6期。

李艳芳:《印度莫迪政府经济发展战略转型的实施、成效与前景》,《南亚研究》2016年第2期。

龙兴春：《印度公共外交的资源、实践与启示》，《南亚研究季刊》2016年第1期。

徐国庆：《印度对非洲文化外交探析》，《南亚研究》2013年第3期。

王世达：《印度：从"东动"到"西进"》，《瞭望》2016年第22期。

楼春豪：《美印防务合作新态势评估》，《国际问题研究》2017年第1期。

刘红良、吴波：《印度作为净安全提供者的观念、现实及制约》，《南亚研究》2017年第2期。

丁皓：《印度莫迪政府对外政策调整及其影响》，《中国军事科学》2017年第1期。

毛悦：《从印度对"一带一路"的认知与反应看印度外交思维模式》，《国际论坛》2017年第1期。

［澳］大卫·布鲁斯特：《印度的印度洋战略思维：致力于获取战略领导地位》，吴娟娟译，《印度洋经济体研究》2016年第1期。

林民旺：《印日关系进入"蜜月期"？》，《当代世界》2017年第10期。

于民：《非洲石油经济依附性发展与中国石油市场开拓》，《学术论坛》2007年第7期。

张宏明主编：《非洲发展报告（2013—2014）——大国对非政策动向与中非关系的国际环境》，社会科学文献出版社 2014 年版。

杨立华等:《中国与非洲经贸合作发展总体战略研究》,中国社会科学出版社 2013 年版。

2. 英文参考资料

Stanley Wolpert, *Ghandi's Passion: The Life and Legacy of Mahatma Ghandhi*, Oxford University Press, 2002.

Jawaharlal Nehru, *India's Foreign Policy: Selected Speeches, September 1946 – April 1961*, New Delhi, 1961.

M. Muslim Khan, *50 Years of India's Foreign Policy Towards Southern Africa*, Devika Publications Delhi, 1998.

Uma Shankar Jha, *India-Africa Relations Prospects in the New Millennium*, Assocition of Indian Africanist, Deli, 2001.

Cassandra R. Veney, "India's Relations with South Africa During the Post-Apartheid Era", *Journal of Asian and African Studies*, July 1999.

Gupta Anirudha, "India and Africa South of the Sahara", *International Studies*, Vol. 17, No. 3 – 4, 1978.

T. G. Ramamurthi, *Fight Against Apartheid*, ABC Publishing House, New Delhi, 1984.

Government of India, Ministry of External Affairs, *Annual Report* 1964 – 1965.

Anirudha Gupta, "A Note on Indian Attitudes to Africa", *African Affairs*, Vol. 69, No. 275, 1970.

TG Ramamurthi, "Foundations of India' Africa Policy", *Africa Quarterly*, Vol. 37, No. 1&2, 1997.

Richard L. "Park, Indian-African Relations", *Asian Survey*, Vol. 5, No. 7, 1965.

Roy Laishley, "Emerging Economies Hold Promise for Africa", *Africa Review*, Vol. 50, No. 1, 2009.

Indian Ministry of External Affairs, *Annual Report Year 2010 – 2011*.

"India, Africa Unveil Action Plan to Boost Ties", *Africa Review*, Vol. 50, No. 1, 2010.

"India for Greater Cultural Connect with Africa", *Africa Quarterly*, Vol. 50, No. 2, 2010.

"Mini Pravasi Bhartiya Divas in Durban in October", Press Trust of India, New Delhi, September 17, 2010.

Our Bureau, "India to Quadruple Revenues from Africa by 2025: McKinsey Report", *Business Line*, March 10, 2014.

"Hinduism Spreads in Ghana, Reaches Togo", *Africa Quarterly*, Vol. 51, No. 3 – 4, August 2011-January

2012.

Ministry of Defence, Government of India, *Annual Report 2015 – 2016*.

C. Raia. Mohan, "Concert of continents-Don't benchmark India's engagement in Africa against China's", *The Indian Express*, April 8, 2008.

Seema Sirohi, "On the Eve of India's First Africa Summit, a Look at Why We Trail China in the Race to a Continent", *Outlook*, April 14, 2008.

Rahul Sharma, "Stay on the Safari Course", *Hindustan Times*, April 9, 2008.

3. 主要参考网站网址

印度外交部网站，http://www.mea.gov.in/mystart.php

印度商业和工业部网站，http://commerce.gov.in/index.asp

印度财政部网站，http://finmin.nic.in/

印度国防部网站，https://mod.gov.in/

印度非洲研究会网站，http://africanstudies.in/

《印度斯坦时报》网站，http://www.hindustantimes.com/

《印度时报》网站，http://timesofindia.indiatimes.com/

全非网，https://allafrica.com

非洲在线，http//www.africaonline.com

非洲开发银行官网，http//www.afdb.org

世界银行官网，http://www.worldbank.org

联合国贸易和发展会议网站，http://www.unctad.org/

联合国维持和平网站，https://peacekeeping.un.org/zh

《环球时报》网站，http://www.huanqiu.com/

徐国庆，男，祖籍浙江淳安，博士，中国社会科学院西亚非洲研究所国际关系室副研究员，中国社会科学院创新工程项目"中国对非关系国际战略"执行研究员，兼任国家开发银行专家库与瞭望智库专家库成员。主要研究领域是新兴国家对非关系、新兴国家间关系。在《西亚非洲》《南亚研究》《欧亚经济》《当代世界与社会主义》等相关刊物发表论文30余篇。其中多篇被中国人民大学复印报刊资料转载。访问过印度、南非等主要新兴经济体，并向中央有关部门送过多篇智库报告。主持并完成院级和所级项目3项，正参与国家社会科学基金项目1项。有专著《印度与南非伙伴关系研究》（2019），参著《列国志·南非》（2010）、《中国和世界主要经济体与非洲经贸合作研究》（2012）、《非洲发展报告（2013—2014）——大国对非政策动向与中非关系的国际环境》（2014）等书。